창세기 - 에스더

하나님의 말씀

하나님의 말씀 01

이영훈 지음

초판 1쇄 발행 2011년 8월 26일
초판 15쇄 발행 2025년 9월 12일

발 행 인 이영훈
발 행 처 서울말씀사

출판등록 제2016-000172호
주 소 서울시 영등포구 은행로 55, 5층
전 화 02-846-9222
팩 스 02-846-9225

01 창세기 - 에스더

하나님의 말씀

이영훈 지음

서울말씀사

머리말

죄인이 회개하고 예수 그리스도를 구주로 영접하면 구원을 받고 하나님의 자녀로 거듭나게 됩니다. 한 아기가 태어나면 음식을 먹음으로써 성장해 가는 것처럼 거듭난 하나님의 자녀도 말씀을 먹어야 영적으로 자라게 됩니다. 사도 바울은 말씀을 통한 영적 성장의 필요성을 "너희는 이 세대를 본받지 말고 오직 마음을 새롭게 함으로 변화를 받아 하나님의 선하시고 기뻐하시고 온전하신 뜻이 무엇인지 분별하도록 하라"(롬 12:2)는 권면을 통해 강조하고 있습니다.

하나님의 말씀 속에는 사람을 변화시키고 치료하는 놀라운 능력이 담겨 있습니다. 우리의 믿음은 말씀을 들을 때 자랍니다(롬 10:17). 우리의 믿음이 하나님의 말씀 위에 뿌리내리고 말씀과 동행하면서 살아갈 때 삶 가운데 하나님께서 예비하신 오중복음과 삼중축복의 은혜가 넘쳐나게 됩니다.

하나님의 말씀과 동행하기 위해서는 첫째, 하나님의 말씀을 들어야 합니다. 둘째, 말씀을 매일 읽어야 합니다. 셋째, 말씀을 체계적으로 공부해야 합니다. 넷째, 말씀을 암송해야 합니다. 다섯째, 말씀을 깊이 묵상해야 합니다. 이처럼 말씀을 듣고, 읽고, 공부하고, 암송하고, 묵상할 때 삶 가운데 하나님의 은혜가 임하고 삶의 변화를 경험하게 될 것입니다. 특별히 말씀을 체계적으로 공부하는 것은 우리의 신앙생활에 큰 유익이 됩니다. 말씀을 통해 우리는 예수님의 참된 제자로 하나님의 뜻을 분별하고 의와 불의를 분별하는 지식을 얻을 수 있으며, 하나님을 좀 더 배우고, 알아가며, 닮아가게 됩니다.

새롭게 개정된 본 성경학교 교재는 기존의 교재보다 분량은 줄었으나 내용면에서 간결하고 명료하게 제작되었습니다. 본 교재를 통해서 성도님들은 보다 분명하고 명확하게 성경에 대한 체계적인 지식을 습득할 수 있을 것이고, 성경 66권에 대한 전반적인 내용을 배우고 말씀 가운데 굳건히 서게 되실 것입니다.

아무쪼록 본 성경학교 교재를 통해 하나님의 말씀이 여러분의 마음 속에 희망의 씨앗으로 뿌리내리고 삶 가운데 아름다운 성령의 열매가 풍성히 맺히기를 간절히 기원합니다.

2011년 8월

여의도순복음교회

담임목사 이영훈

추천사

하나님의 말씀은 놀라운 힘과 능력을 가지고 있습니다. 사도 바울은 이러한 사실을 "모든 성경은 하나님의 감동으로 된 것으로 교훈과 책망과 바르게 함과 의로 교육하기에 유익하니 이는 하나님의 사람으로 온전하게 하며 모든 선한 일을 행할 능력을 갖추게 하려 함이라"(딤후 3:16-17)고 강조하였습니다. 하나님의 말씀은 생명력이 있어 우리의 인생을 놀랍게 변화시킵니다(히 4:12-13).

기독교인의 성공적인 삶의 원칙은 하나님의 말씀인 성경 중심이어야 합니다. 하나님의 말씀이 우리의 삶을 이끌어가야 합니다. 이는 성령님께서 말씀을 통하여 우리의 삶을 다스리시는 방편이기도 합니다. 성령님의 인도하심을 따라 하나님의 말씀대로 살아가면 성도는 하나님의 나라를 바라보고, 하나님의 일을 감당하게 됩니다. 즉, 하나님의 말씀을 듣고, 믿고, 배우고, 기도하면서 살아갈 때 성도는 하나님의 일을 능력 있게 감당하게 됩니다. 또한 하나님의 말씀을 공부하면 성도는 담대히 말씀을 전파하고, 이웃과 사랑을 나누고, 더 나아가서 주님의 지상명령인 전도와 선교에 헌신하게 됩니다.

저의 목회철학을 잘 계승하고 하나님의 말씀에 충실하게 사역하고자 불철

주야 노력하고 있는 이영훈 목사가 이번에 성경학교 교재를 내용과 형식에 있어서 새롭게 수정 보완하여 출간하게 된 것을 기쁘게 생각하며 하나님께 진심으로 감사드립니다. 특별히 이 책을 통해 하나님의 말씀을 공부하는 성도 여러분이 성령님의 인도하심을 따라 하나님을 만나고 새로운 꿈을 꾸고 용기와 희망을 얻게 되고, 더 나아가 하나님의 말씀대로 살게 되는 변화의 축복을 체험하시기를 바랍니다.

2011년 8월

여의도순복음교회

원로목사 조용기

Contents

창세기

"내가 너로 여자와 원수가 되게 하고 네 후손도 여자의 후손과 원수가 되게 하리니 여자의 후손은 네 머리를 상하게 할 것이요 너는 그의 발꿈치를 상하게 할 것이니라 하시고"(창 3:15)

기록목적 창세기는 유일하신 하나님의 존재, 우주 만물의 생성, 가정의 형성, 죄의 기원, 언어의 분산 및 종족의 발전 등을 제시하고 있다. 또한 소명과 언약을 통해 이스라엘 백성을 향한 하나님의 섭리와 사랑, 장차 예수 그리스도에게로 이어질 하나님의 구원 계획을 보여 주고자 기록되었다.

저 자 모세

특 징
- 우주 만물과 인류의 기원, 그리고 구속사의 시작을 보여 주는 책으로 우주 만물과 생명의 기원은 오직 하나님으로부터 나타나게 됨을 분명히 하고 있다.
- 아브라함과 그의 자손을 통해 온 인류를 위한 하나님의 구원의 약속이 주어졌다. 따라서 모든 성경의 중심은 구원의 약속을 성취하신 예수 그리스도에게 집중되고 있다.

내·용·분·해

대분류	소분류	주요 내용
1. 인류 공통의 역사(1:1–11:32)	(1) 천지 창조와 인간의 기원(1:1–2:25)	① 천지 창조 ② 인간 창조 ③ 에덴 동산
	(2) 죄의 기원과 타락 그리고 추방(3:1–5:32)	① 죄의 기원, 타락, 추방 ② 가인과 아벨
	(3) 노아의 홍수 (6:1–9:29)	① 대홍수의 원인 ② 노아의 방주와 무지개 언약
	(4) 바벨탑 사건 (10:1–11:32)	① 노아의 자손들 ② 바벨탑
2. 이스라엘의 족장(族長) 역사 (12:1–50:26)	(1) 믿음의 조상, 아브라함(12:1–24:67)	① 아브라함의 부르심과 언약 ② 순종과 믿음의 연단
	(2) 순종과 축복의 사람, 이삭(25:1–26:35)	① 이삭의 순종 ② 이삭의 축복
	(3) 이스라엘의 시작, 야곱(27:1–36:43)	① 야곱의 장자권 획득과 타향살이 ② 이스라엘이 된 야곱
	(4) 꿈의 사람, 요셉(37:1–50:26)	① 요셉의 꿈과 연단 ② 꿈의 실현과 신앙고백

내·용·연·구

1. 인류 공통의 역사(1:1-11:32)

"태초에 하나님이 천지를 창조하시니라" (창 1:1)

(1) 천지 창조와 인간의 기원(1:1-2:25)

① 천지 창조(1:1-2:3)

- 하나님께서는 말씀을 통해 어둠과 혼돈의 상태를 질서와 조화로 변화시키시고 모든 천지만물을 창조하셨다.
- 하나님의 형상대로 지음을 받은 유일한 피조물인 인간은 창조 세계에서 왕적인 존재로서 "생육하고 번성하라"는 하나님의 명령과 더불어 피조세계에서 유일하게 축복을 받는다(1:26-28).
- 하나님께서 그 창조하시며 만드시던 모든 일을 마치시고 안식하신 일곱째 날이 창조의 목적이다(2:3).

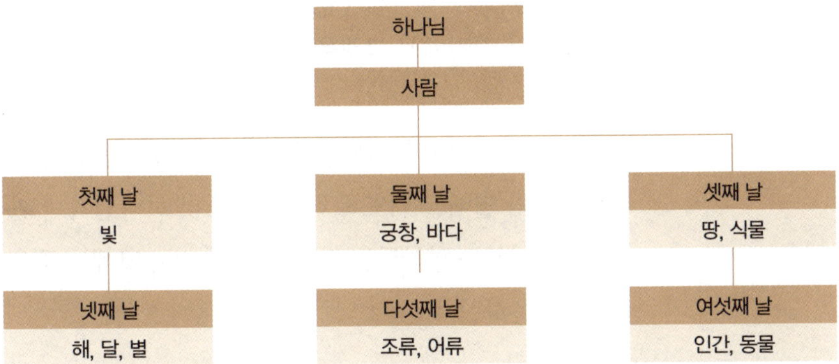

② **인간 창조**(2:4-7,21-25)

- 하나님께서는 흙으로 사람의 모양을 빚어 만드신 다음 생기를 그 코에 불어 넣어 사람을 만드셨다(2:7).
- 하나님께서는 아담을 깊은 잠에 빠지게 하신 이후 아담의 갈비뼈를 취하여 돕는 배필인 하와를 만드셨다. 아담과 하와는 벌거벗은 것도 부끄러워하지 않는 친밀한 공동체인 가정을 이룬다(2:18-25).

	창조의 방법	의 미
아담	하나님의 형상과 모양대로(1:27)	인간 속에서 하나님을 발견
	흙으로(2:7)	인간은 흙으로 돌아감
	생기를 불어넣으심(2:7)	하나님의 영의 내재
하와	아담의 갈빗대를 취하여(2:21)	남자와 불가분의 관계

③ **에덴 동산**(2:8-17)

- 하나님께서는 아담을 자신이 만드신 낙원인 에덴 동산에 두셔서 거기에서 그것을 지키고 경작하는 일을 하게 하신다(2:15).
- 하나님께서는 아담에게 생명 나무를 포함한 동산의 모든 나무의 열매를 먹도록 허락하셨으나 하나님과의 관계를 상징하는 선악과는 먹지 말 것과 먹는 날에는 죽을 것을 말씀하신다(2:16-17).

(2) 죄의 기원과 타락 그리고 추방(3:1-5:32)

① 죄의 기원, 타락, 추방(3:1-24)

- 인간은 죄 없이 순결한 상태에서 선택의 능력(자유의지)을 가진 존재로 창조되었다. 그러나 아담과 하와는 하나님의 말씀에 굳게 서지 못했기 때문에 하나님처럼 된다는 간교한 뱀의 유혹에 넘어가 선악과를 먹게 된다(3:6).
- 불순종으로 인해 아담과 하와는 땀을 흘리는 노동과 해산의 고통을 갖게 되었으며, 죽음의 형벌과 하나님의 임재 공간이며 생명의 원천인 에덴에서 쫓겨나게 되었다.
- 인간은 죄의 지배를 받게 되어(롬 5:12) 삼중 타락의 형벌이 미치게 되었다(3:16-19, 22-24).
- 인간의 죄와 타락에도 불구하고 하나님께서는 아담과 하와에게 예수 그리스도를 예표하는 여자의 아들을 통해 인류 전체를 구속하실 것을 약속하셨다(3:15, 21).

삼중 타락
영적 죽음(창 3:22-24)
육체적 죽음(창 3:19)
환경적 죽음(창 3:17-18)

삼중 축복
영혼이 잘됨(요삼 1:2)
강건해짐(요삼 1:2)
범사가 잘됨(요삼 1:2)

〈창세기에 나오는 죄와 구원의 표지〉

사 건	죄	심 판	구 원
선악과를 먹음(창 3장)	불순종	에덴 추방	가죽옷
가인의 아벨 살해(창 4장)	살인	추방/땅에서 유리	표
죄악의 관영(창 6-9장)	사람의 생각이 어렸을 때부터 악함과 천상과 지상의 구분의 파괴	홍수	노아가족
교만으로 인한 바벨탑 건축(창 11장)	교만	바벨탑 건축 중지	아브라함의 부르심

② **가인과 아벨**(4:1-24)

- 아담과 하와는 가인과 아벨이라는 두 아들을 얻게 되는데, 가인은 농부가 되고 아벨은 목자가 된다.
- 이 두 사람 모두 하나님께 제물을 드렸으나 하나님께서는 가인과 그의 제물은 받지 않으시고 아벨과 아벨의 제물은 받으신다(4:1-5). 이는 가인의 삶에 죄가 있었기 때문이다(4:7; 참조. 히 11:4)
- 가인은 그의 형제 아벨을 들로 유인하여 살해한다(4:8). 그러나 하나님께서는 인류 최초의 살인을 저지른 가인에게도 이마에 표를 주심으로써 죽지 않게 하시는 긍휼과 자비를 보여 주신다(4:14-15).
- 하나님께서는 아벨을 대신하여 셋이 태어나게 하심으로 새로운 희망의 역사의 기초를 놓으신다(4:25).

(3) 노아의 홍수(6:1-9:29)

① **대홍수의 원인**(6:1-7)

- 하나님을 떠난 인류의 범죄는 걷잡을 수 없이 증가하여 창조질서까지 파괴했고(6:1-4) 그 마음의 생각의 모든 계획이 항상 악할 뿐이었다.
- 죄악이 세상에 가득하자 하나님께서는 인간을 창조하신 것을 후회하신다(6:5-7).

노아
하나님 앞에 의인(창 6:9)
당대에 완전한 자(창 6:9)
하나님과 동행한 자(창 6:9)
의의 전파자(벧후 2:5)
하나님을 경외하는 자(히 11:7)
의의 후사(히 11:7)

② **노아의 방주와 무지개 언약(6:8-9:17)**

- 하나님께서는 홍수로 세상을 심판하실 계획을 말씀하시면서 노아에게 방주를 짓도록 명령하신다(6:12-13).
- 방주가 완성되고 노아의 가족들과 각양 생물이 방주에 들어와 생명이 보존된다(6:18-22). 하나님께서는 40일 동안 비를 내리게 하셔서 홍수를 통해 죄에 대하여 세상을 심판하셨다(7:17).
- 홍수가 그친 후 노아는 제단을 쌓아 제사를 드렸다. 하나님께서는 이를 흠향하시고(8:20-21) 노아와 그의 가족을 축복하시며(9:1), 다시는 물로 세상을 심판하지 않겠다는 언약의 표시로 무지개를 보여 주셨다(9:11-13).

노아의 방주

노아의 방주를 통해 다음과 같은 신앙적 의미를 깨닫게 된다.

- 하나님께서는 죄에 대하여 세상을 심판하신다.
- 하나님 앞에서 의인은 반드시 구원을 받는다(6:9; 7:1).
- 노아의 방주는 우리의 구원자 되시는 예수 그리스도를 상징한다.

(4) 바벨탑 사건(10:1-11:32)

① **노아의 자손들(10:1-32)**

- 노아의 세 아들 셈, 함, 야벳으로부터 땅의 모든 나라와 민족이 나뉘어진다(10:32). 이들은 각기 방언과 종족과

바벨탑 건축(창 11:1-4)	
배경	- 언어적 통일(11:1) 말이 하나, 언어가 하나 - 장소: 시날 평지(11:2) - 우상 숭배의 중심지
동기	- 하늘에 닿게 하자(11:4) - 우리의 이름을 내자(11:4) - 온 지면에 흩어짐을 면하자(11:4)

하나님의 심판(창 11:7-8)
- 언어를 혼잡하게 하심(11:7) - 온 지면에 흩으심(11:8) - 도시 건설을 그치게 만드심(11:8)

나라대로 흩어져 정착하게 된다.

② **바벨탑**(11:1-9)

- 노아의 후손들은 땅에 충만하라는 하나님의 명령과 정반대로 흩어짐을 면하기 위해 한 곳에 모이고 자신들의 이름을 나타내려는 교만함으로 바벨탑을 쌓는다(11:1-4).
- 하나님께서는 그들이 하신 일을 보신 후에 언어를 혼잡하게 하심으로 그들을 온 지면에 흩으시는 심판을 내리신다(11:5-9).

2. 이스라엘의 족장(族長) 역사(12:1-50:26)

(1) 믿음의 조상, 아브라함(12:1-24:67)

① **아브라함의 부르심과 언약**(12:1-3; **참조**. 13:14-17; 15:5-21; 17:4-8; 22:15-18)

- 인류의 구원을 약속(3:15)하신 하나님께서는 아브라함을 선택하고 부르셔서 "땅의 모든 족속"에게 복을 주시려는 새로운 구원의 역사를 시작하셨다(12:3).
- 아브라함의 소명을 통해 하나님께서는 아브라함과 언약을 맺으신다(12:1-3).
- 그 언약은 땅, 많은 자손(큰 민족), 축복(보호와 성공), 땅의 모든 족속의 축복에 관한 것이었다.

② 순종과 믿음의 연단(12:4-24:67)

- 아브라함은 신실한 믿음과 순종(창 15:6; 히 11:8-19)으로 "네 씨로 말미암아 천하 만민이 복을 얻으리니 이는 네가 나의 말을 준행하였음이니라"(22:18)는 약속을 받는다.
- 아브라함은 하나님에 대한 믿음을 보여주지 못할 때도 있었다.

아브라함의 믿음과 순종

- 고향과 친척과 아버지의 집을 떠나라는 하나님의 말씀에 순종함(12:1–4)
- 롯과의 결별 순간에 세상적인 시각을 갖지 않고 하나님의 약속을 바라봄(13:8–9)
- 멜기세덱에게 십일조를 드리고 소돔 왕으로부터 이익을 취하지 않음(14:18–24)
- 바랄 수 없는 중에 하나님의 말씀을 믿음(15:5–6)
- 하나님의 약속을 믿고 이름을 바꾸고 할례를 행함(17:1–16)
- 소돔과 고모라의 구원을 위해 하나님 앞에 나아가 중보기도를 행함(18:22–32)
- 오랜 약속 끝에 얻은 아들 이삭을 모리아 산에서 제물로 바치라는 가장 큰 시험에서 말씀을 따라 이삭을 제물로 드리는 믿음을 보임(22:1–19)

아브라함의 실수

- 애굽에서 자신의 아내 사라를 자기 누이라고 속임으로써 애굽의 바로에게 수모를 당함(12:10–20)
- 하나님의 약속을 기다리지 못하고 사라의 여종 하갈을 취하여 아들 이스마엘을 낳음으로 가정의 불화를 겪음(16:1–6; 21:8–21)
- 그랄에서도 아내 사라를 자기 누이라고 속여 그랄 왕에게 수모를 당함(20:1–18)

(2) 순종과 축복의 사람, 이삭(25:1-26:35)

① 이삭의 순종(22:9-10)

• 믿음과 순종의 아버지 아브라함의 신앙을 이어받아 이삭은 모리아 산에서 제물로 바쳐질 때 묵묵히 제물로서 순종한다.

② **이삭의 축복**(25:1-26:35)

• 이삭은 순조롭게 얻은 지혜로운 아내 리브가와 결혼을 하였다(24:12,48). 20여년 동안 자식이 없었던 리브가는 하나님께 간절히 기도하여 쌍둥이 에서와 야곱를 낳게 된다(25:19-26).

• 아브라함에게 주셨던 하나님의 축복이 이삭에게서 재확인되고 계속된다(26:1-5). 이삭은 농사에서 100배의 수확을 얻었고(26:12-13), 여러 차례 자신이 판 우물을 빼앗기고 이동할 수밖에 없는 약자였으나 하나님의 은혜와 보호로 우물을 팔 때마다 물이 솟았다(26:17-25).

아브라함과 바라봄의 법칙

아브라함은 바랄 수 없는 중에 바라는 '믿음'을 소유한 사람이었고(롬 4:18), 100세에 낳은 독자 이삭을 제단에 드릴 때에 '행함'으로 하나님 앞에서 의롭다 하심을 받은 사람이었다(약 2:21).
바라봄의 법칙은 '믿음과 행함'을 요구한다. 우리의 신앙과 삶에서 믿음과 행함이 균형을 이룰 때, 영혼이 잘됨같이 범사가 잘되고 강건한 축복을 누릴 수 있다(요삼 1:2).

(3) 이스라엘의 시작, 야곱(27:1-36:43)

① **야곱의 장자권 획득과 타향살이**(27:1-31:55)

• 야곱은 아버지 이삭을 속임으로 형 에서에게서 축복을 빼앗았다(27:1-40; 참조. 25:27-34). 그 결과로 야곱은 형 에서를 피해 외삼촌 라반이 있는 하란으로 도망한다(28:1-5).

• 야곱은 도망 중 한 곳에서 돌베개를 베고 잠이 들었다가 꿈에서 하나님을 만나고 하나님께로부터 축복과 동행의 약속을 받는다(28:10-15). 꿈에서 깨어난 야곱은 제단

을 세우고 그곳 이름을 '벧엘' 이라고 부른 후 하나님께 서원기도를 드린다(28:16-22).

- 야곱은 20년 동안 하란에서 살면서(29:20) 라반의 딸 레아와 라헬을 아내로 얻었을 뿐 아니라(29:20-30) 하나님의 도우심으로 인해 큰 부자가 되었다(30:25-43).
- 야곱은 삼촌 라반과 그의 아들들의 자신에 대한 태도의 변화와 하나님의 계시로 인해 고향으로 돌아갈 것을 결심한다(31:1-3,11-13).

야곱과 장자의 명분

야곱은 인간적인 방법으로 복을 얻으려 하였으나 오히려 많은 대적자를 만들었다. 그의 인간적인 모든 시도가 하나님에 의해 산산히 무너진 후에 비로소 그는 하나님께 순종하여 이스라엘로 불리게 되었고, 그의 아들들은 이스라엘의 12지파의 조상이 되었다.

이스라엘에서 장자는 아버지의 뒤를 이어 가정의 대표자로서의 통솔권을 가졌다(대하 21:3). 재산을 상속받을 때도 다른 형제들의 2배의 재산을 상속받았으며(신 21:15-17), 가정의 제사장으로서의 직분을 수행하면서 영적 축복의 상속자가 되었다. 에서처럼 장자권을 팔거나 나쁜 성품이나 죄로 인하여 장자권이 몰수되기도 하였다(대상 5:1-2).

이스라엘은 하나님의 장자였고(출 4:22), 예수 그리스도는 만물의 장자이시며(롬 8:29; 골 1:15; 히 1:6), 그리스도인 된 우리들도 하나님 나라의 기업을 이을 장자이다(히 12:23).

② 이스라엘이 된 야곱(32:1-33:20)

- 고향으로 돌아오는 야곱은 400명의 사람을 거느리고 자신에게 오는 형 에서가 보복하려는 것인 줄 알고 두려워하여 선물을 보내 은혜를 간청한다(32:3-5).

야곱이 이삭을 속임
염소의 가죽을 사용함(27:16)
형의 옷을 입음(27:15)
야곱의 아들들이 야곱을 속임
염소의 피를 사용함(37:31)
요셉의 옷을 보여줌(37:32)

- 야곱은 얍복 강 나루터에 홀로 남아 날이 새도록 하나님께 기도하며 씨름하였고 하나님께서는 야곱의 허벅지 관절을 치심으로 그의 마지막 남은 인간적인 계획과 의지를 완전히 꺾으셨다(32:24-25).
- 야곱이 모든 수단과 방법을 버리고 하나님께만 전적으로 신뢰하며 매달릴 때 하나님께서는 그의 기도에 응답하셔서 구원하시고, 그의 이름을 야곱('탈취자')에서 이스라엘('하나님을 이기었다')로 바꾸시고 그를 축복하신다(32:28-29).
- 야곱은 벧엘에서의 자신의 서원을 어기고 세겜에 머물다 딸 디나가 참혹한 일을 당하는 징계를 받는다(34:1-31). 이후 야곱은 자신과 함께 한 모든 사람들의 우상숭배를 척결하고 벧엘로 올라가 제단을 쌓고 그곳을 '엘벧엘'이라 불렀다(35:1-7).

(4) 꿈의 사람, 요셉(37:1-50:26)

① 요셉의 꿈과 연단(37:1-40:23)

- 요셉은 형들의 허물을 아버지에게 일러바친 것(37:2)과 채색옷으로 상징되는 아버지의 편애와 온 가족들이 자신을 섬길 것이라는 의미가 담긴 두 번의 꿈 때문에 형들의 시기와 분노를 사게 된다(37:3-11).
- 형들의 배신으로 요셉은 미디안 상인들에게 노예로 팔

리고 결국에는 애굽으로 끌려가 바로의 신하 친위대장 보디발의 종이 된다(37:28,36).

• 야훼께서 요셉의 범사에 형통케 하심을 보고 보디발은 요셉을 가정총무로 삼았다(39:3-6). 그러나 요셉은 보디발의 아내의 유혹을 거절하여 억울한 누명을 쓰고 13년 동안이나 감옥에 갇히게 되었다(39:7-20).

• 야훼께서는 요셉과 함께 하셔서 간수장에게 은혜를 받게 하시고, 그는 옥중에서도 제반 사무를 맡게 되었다(39:21-23).

• 요셉은 계속 되어지는 고난 중에도 하나님 중심의 신앙을 잃지 않았고(40:8) 감옥에서 바로의 두 관원장의 꿈을 해석해 주었고(40:9-19), 술 맡은 관원장에게 선처를 호소하지만 그는 요셉을 곧 잊어버린다(40:23).

② 꿈의 실현과 신앙고백(41:1-50:26)

• 바로가 꾼 이상한 꿈을 애굽의 점술가들과 현인들이 해석할 수 없게 되자 요셉을 기억한 술 맡은 관원장은 요셉을 추천한다(40:1-13).

• 요셉은 바로의 꿈이 애굽에 다가올 풍년과 흉년에 관한 것이라고 명확하게 해석하였고, 바로는 요셉을 애굽의 총리대신으로 세운다(41:41).

• 가나안 땅에도 기근이 들어 요셉의 형제들은 양식을 사러 애굽으로 오게 되고, 이들은 애굽의 총리가 된 요셉에

게 절을 한다(42:6). 이로써 요셉의 꿈(37:5-8)은 성취된다.

- 요셉의 꿈 성취는 야곱 가족 전체의 생명을 보존하셔서 인간의 지혜와 생각을 뛰어넘어 후손의 약속을 이루어 가시는 하나님의 섭리를 잘 보여준다(45:5).
- 야곱이 죽은 후에도 요셉은 형들을 전혀 미워하지 않았다. 요셉의 보복을 두려워하는 형들에게 요셉은 하나님을 향한 위대한 신앙고백을 한다(50:20). 이 후로 이스라엘 백성들은 출애굽 할 때까지 430년간 애굽에서 거주하게 된다.

요셉	예수 그리스도
야곱의 사랑받는 아들(37:3)	하나님의 사랑받는 아들(마 3:17)
유다에 의해 은 20에 팔림(37:26-28)	유다에 의해 은 30에 팔림(마 26:15-16)
애굽의 모든 권세를 받음(41:42-44)	하늘과 땅의 모든 권세를 받음(마 28:18)
요셉을 통해 식물을 얻음(41:55-57)	예수님을 통해서만 생명을 얻음(행 4:12)
형제들을 용서함(50:20-21)	자기의 죄를 고백하는 모든 사람은 예수 그리스도의 용서를 받음(요일 1:9)

창세기의 적용과 실천

- 하나님께서 말씀으로 창조하신 모든 천지 만물과 사람을 소중하게 여기며 살고 있습니까(1:1-2:3)?

- 요셉은 악을 행한 형제를 용서하며 하나님의 선하심을 나타내었습니다. 우리도 관용과 긍휼을 통하여 용서와 화해의 삶을 위해 노력을 기울여야 합니다(50:19-21).

하나님은 홀로 영원 전부터 스스로 계셨고, 아무것도 없었던 상태에서도 천지 만물과 사람을 그 기쁘신 뜻대로 창조하셨습니다. 이것은 하나님의 주권적인 사역인 것입니다. 그러므로 모든 존재와 생명의 참 주인은 오직 하나님 한분 뿐이십니다.

창세기(1~50장) 읽기

주일	월	화	수	목	금	토
1:1-5:32	6:1-9:29	10:1-11:32	12:1-24:67	25:1-26:35	27:1-36:43	37:1-50:26

출애굽기

"모세가 백성에게 이르되 너희는 두려워하지 말고 가만히 서서 야훼께서 오늘 너희를 위하여 행하시는 구원을 보라" (출 14:13)

기록목적 출애굽기는 창세기에서 약속하신 대로 큰 민족이 된 이스라엘 백성을 출애굽 사건을 통해 구속하셔서 약속된 땅으로 인도하시는 하나님의 주권과 은혜 그리고 신실하심을 알게 하고, 시내 산에서 계시해 주신 율법과 언약을 통해 하나님과 이스라엘 백성과의 언약관계가 성립되었음을 보여주기 위해 기록되었다.

저　　자 모세

특　　징
- 이스라엘 백성을 향한 하나님의 구속사역과 선민으로서의 이스라엘의 정체성이 확립되는 과정을 보여 준다.
- 구속사의 시작인 창세기와 이스라엘의 삶의 지침인 율법서, 즉 오경의 나머지 책들을 연결시키는 교량 역할을 담당하고 있다.
- 모세의 이야기와 이스라엘 신앙의 기초인 유월절 신앙, 시내산에서의 율법수여와 성막에 관한 전승을 보고하는 기록으로서 이스라엘의 구원 개념과 역사 이해를 살펴 볼 수 있다.

내·용·분·해

대분류	소분류	주요 내용
1. 이스라엘 백성의 출애굽 역사 (1:1–15:21)	(1) 압제 받는 이스라엘 (1:1–1:22)	① 이스라엘의 번성 ② 바로의 압제
	(2) 출애굽(2:1–15:21)	① 모세의 성장 배경과 소명 ② 열 가지 재앙과 유월절, 무교절 그리고 초태생 규정 ③ 홍해의 기적과 하나님에 대한 찬양
2. 광야 생활과 시내산 언약 (15:22–40:38)	(1) 시내 산으로의 여정 : 광야에서의 인도와 보호(15:22–18:27)	① 만나와 메추라기 공급 ② 르비딤의 기적 ③ 이드로의 방문과 새로운 법 제도
	(2) 시내 산 언약 (19:1–24:18)	① 십계명 ② 율법 수여
	(3) 성막 건설 계시 (25:1–31:18)	① 성막 배치 계시 ② 제사장과 직분 위임 ③ 제사를 위해 필요한 추가적 사항들
	(4) 금 송아지 사건 (32:1–34:35)	① 우상 숭배와 언약 파기 ② 하나님의 진노와 모세의 첫 번째 중보기도 ③ 백성에 대한 모세의 심판과 두 번째 중보기도 ④ 세 번째 중보기도와 하나님의 동행의 회복 ⑤ 언약 갱신
	(5) 성막 건설과 봉헌 (35:1–40:38)	① 성막 건설 ② 성막 봉헌

내·용·연·구

1. 이스라엘 백성의 출애굽 역사(1:1-15:21)

"이스라엘 자손은 생육하고 불어나 번성하고 매우 강하여 온 땅에 가득하게 되었더라" (출 1:7)

(1) 압제 받는 이스라엘(1:1-22)

① 이스라엘의 번성(1:1-7)

- 애굽으로 이주한 야곱의 70여명의 가족들은 430년 만에 장정만 60만 명(12:37)으로 번성한다.

② 바로의 압제(1:8-22)

- 이스라엘 백성들의 수가 위협적으로 증가하자 애굽 왕은 그들을 여러 가지 어려운 노역으로 학대하였다(1:13-14).
- 애굽 왕은 산파들에게 출생한 사내아이를 살해할 것을 명령하지만 일이 뜻대로 되지 않자(1:15-17), 출생한 사내아이를 모두 나일강에 던져 죽이도록 명령한다(1:22).

(2) 출애굽(2:1-15:21)

① 모세의 성장 배경과 소명(2:1-7:7)

- 레위 가정에서 태어난 모세는 갈대 상자에 넣어진 채 나일강의 갈대 사이에 놓여졌으나 바로의 딸에게 구원을 받고 친어머니의 손에서 양육된다.
- 그는 왕궁에서 성장하여 애굽 사람의 학문과 지혜와 말

일상생활 중 소명받은 대표적 인물
모세, 기드온, 다윗, 엘리사, 아모스, 베드로, 안드레, 야고보, 요한, 마태

에 능하였다(2:1-10; 참조. 행 7:22).

- 모세는 장성하여 자기 민족의 구원을 위해 노력하지만, 동족(히브리인)을 억압하는 애굽인을 살해하고 결국 미디안 땅으로 도망한다(2:10-15).
- 하나님께서는 모세를 호렙산에서 불타는 떨기나무 속에서 부르셔서 이스라엘 백성을 애굽에서 구원하여 약속된 땅으로 인도할 지도자로 선택하신다(3:1-10).

〈하나님의 부르심과 모세의 반응〉

모세의 반응	하나님의 말씀
모세의 반응	모세야, 모세야(3:4)
내가 여기 있나이다(3:4)	신을 벗으라(3:5) – 경외의 표시/ 주인에게 순종
얼굴을 가림(3:6)	너에게 인도하여 내게 하리라(3:10) – 네 조상의 하나님/젖과 꿀이 흐르는 땅
내가 누구이기에(3:11) – 첫 번째 사양 – 쫓겨난 존재 : 적합하지 않음	내가 반드시 너와 함께 있으리라(3:12) – 증거를 주심
그의 이름이 무엇이냐(3:13) – 두 번째 사양/무지함	스스로 있는 자(3:14) – 조상의 하나님/젖과 꿀이 흐르는 땅
야훼께서 네게 나타나지 아니하셨다(4:1) – 세 번째 사양/권위가 없음	네 손에 있는 것이 무엇이냐(4:2) – 이적을 주심 (뱀이 된 지팡이/나병 든 손/하수가 피로 됨)
입이 뻣뻣하고 혀가 둔한 자(4:10) – 네 번째 사양/부정적인 자아	할 말을 가르치리라(4:12) – 성령께서 말하심
보낼 만한 자를 보내소서(4:13) – 다섯 번째의 사양/패배의식	형 아론이 있지 아니하냐(4:14) – 노를 발하심/이적을 행할지니라(4:17)

- 모세는 자신의 형 아론과 함께 바로에게 나아가 야훼 하

나님을 섬기도록 이스라엘 백성을 보내줄 것을 요구하지만 바로는 완강하게 거절하고 이스라엘 백성의 노역을 강화시킨다(5:5-14).

② **열 가지 재앙과 유월절, 무교절 그리고 초태생 규정**(7:8-13:16)

- 모세는 아론과 함께 여러 차례 하나님의 실제적인 임재와 능력을 보여 주었지만, 바로는 마음이 완악하여 이스라엘 백성들에게 자유를 허락하지 않았다(7:13, 22; 8:15, 19, 32; 9:7, 12, 34-35; 10:20, 27; 11:10). 결국 하나님의 심판이 애굽에 내리게 된다.
- 열 가지 재앙은 애굽의 신(神)에 대한 심판이며, 이것은 바로의 주권영역도 다스릴 수 있는 하나님의 절대적 권능을 보여 주는 사건이다.

순서	재앙	내용	관련된 우상
1	피 (7:14–25)	나일 강이 피로 변하고 오염됨	나일 강을 주관하는 우상 '하피'(Hapi)와 '크눔'(Khnum)
2	개구리 (8:1–15)	개구리가 애굽 전역을 뒤덮음	개구리 우상 '헥트'(Heqt)
3	이 (8:16–19)	땅의 티끌이 이로 변해 사람과 생축을 괴롭힘	애굽의 토신(土神) '셉'(Seb)
4	파리 (8:20–32)	파리 떼로 인해 애굽 전역이 해를 받음	파리 우상 '핫콕'(Hatkok)
5	돌림병 (9:1–7)	애굽의 생축이 몰사함	암소 우상 '하돌'(Hador), 힘과 다산의 황소 우상 '아피스'(Apis)

순서	재앙	내용	관련된 우상
6	악성 종기 (9:8-12)	풀무의 재가 애굽 사람과 집승에게 붙어 악성 종기를 발함	질병의 신 '타이폰'(Typhon), 의술의 신 '임호텝'(Imhotep)
7	우박 (9:13-35)	애굽 사람의 짐승과 채소 위에 우박이 내림	하늘의 신 '누트'(Nut), 기후의 신 '수'(Shu), 곡물의 신 '셋'(Seth)
8	메뚜기 (10:1-20)	메뚜기 떼가 모든 채소와 나무를 먹어 치움	메뚜기를 막는 신 '세라피아'(Serapia), 곡물의 신 '셋'(Seth)
9	흑암 (10:21-29)	사흘 동안 애굽에 흑암이 임함	태양신 '라'(Ra), '아툼'(Atum), '호루스'(Horus), 태양의 여신 '세케트'(Sekhet)
10	장자 죽음 (11:1-12:36)	애굽 사람과 생축의 초태생이 모두 죽음	생명의 신 '이시스'(Isis), 생명을 부여하는 우상 '오시리스'(Osiris)

유월절과 무교절 그리고 초태생 규정(출 12:43-13:16)

이스라엘 백성이 출애굽을 앞두고 있을 때 애굽 전역을 휩쓴 장자의 죽음의 재앙이 그들을 넘어감으로써 장자들이 죽음을 면한 것을 후손에게 일깨워주기 위한 절기가 유월절(종교력 1월 14일)이다. 이날은 온 가족이 구운 고기와 무교병과 쓴 나물을 먹는다.
무교절(종교력 1월 15일부터 7일간)은 애굽에서 급히 나온 이스라엘 백성들의 고생을 기념하기 위하여 7일 동안 무교병을 먹는 절기이다.
초태생 즉 사람과 동물의 처음 난 것은 유월절 사건으로 인해 이스라엘 백성에게 속한 처음 난 것이 죽음을 면제받은 것을 기념하여 야훼 하나님께 속한 것이 된다. 사람의 처음 난 것의 경우에는 대속 제물이 바쳐졌고, 동물의 처음 난 것은 희생 제물로 바쳐지거나 제물로 합당치 않은 경우에는 다른 동물을 통해 대속된다.

③ 홍해의 기적과 하나님에 대한 찬양(13:17-15:21)

- 하나님께서는 430년 동안 애굽에서 종살이하던 이스라엘 백성을 광야로 인도하시고 초자연적으로 낮에는 구름기둥으로, 밤에는 불기둥으로 보호하셨다(13:20-22).

- 이스라엘 백성이 애굽을 벗어난지 얼마 안 되어 바로는 또 다시 이스라엘 백성을 멸절시키고자 많은 병거를 이끌고 그들을 추격한다(14:1-9).
- 모세는 하나님의 명령대로 지팡이를 들어 바다 위로 내밀자 홍해가 갈라지고 이스라엘 백성들은 바다 가운데를 마른 땅을 건너듯이 건너고, 바로와 그의 군대가 추격해 바다에 진입하자 물이 다시 흘러 애굽의 군대는 모두 죽게 된다(14:21-30).
- 이에 모세와 미리암은 하나님께서 용사로서 이스라엘을 위해 싸워 승리하신 것(15:1-6)과 약속된 땅으로 가게 해 주시는 것(15:13-17)을 온 백성과 함께 찬양한다.

2. 광야 생활과 시내산 언약(15:22-40:38)

(1) 시내 산으로의 여정 : 광야에서의 인도와 보호(15:22-18:27)

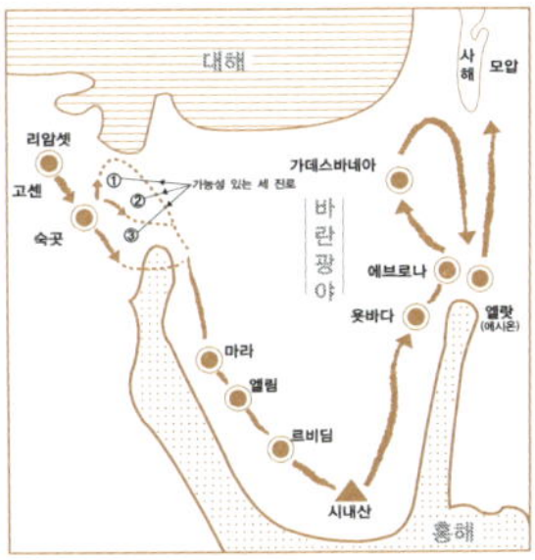

〈출애굽의 경로〉

① 만나와 메추라기 공급(16:1-36)

- 이스라엘 자손은 엘림과 시내산 사이의 신 광야에서 양식이 고갈되자 모세에게 원망과 불평을 했다(참조. 15:24; 16:2-3).
- 하나님께서는 일용할 양식인 만나와 메추라기를 이스

라엘 백성에게 공급하시며 안식일에 대한 중요성을 언급하셨다(16:21-30).

② **르비딤에서의 기적**(17:1-16)

- 이스라엘 백성들은 르비딤에 물이 없자 다시 불평한다(17:3). 그럼에도 불구하고 야훼 하나님께서는 모세에게 반석을 치도록 하여 이스라엘 백성에게 물을 공급해 주셨다.
- 대적 아말렉과의 전투에서 모세는 아론과 훌의 도움을 받아 손을 들고 기도하고 여호수아가 이스라엘 백성과 함께 전력을 다해 싸울 때에 야훼 닛시의 하나님께서 그들과 함께 하심으로 이스라엘은 승리한다(17:8-13).

야훼 닛시(출 17:15)
"야훼는 나의 깃발"의 뜻. 모세가 아말렉을 이기고 쌓은 단의 이름이니 주님이 그 백성을 소집하는 표징이 되시고 저희가 그 원수를 이긴 보증이 되신다는 뜻이다.

③ **이드로의 방문과 새로운 법 제도**(18:1-27)

- 하나님께서 이스라엘 백성에게 베푸신 구원의 소식을 듣고 모세를 찾아온 이드로는 하나님의 구원을 찬양한다(18:1-12).
- 이드로는 모세와 이스라엘 지도자들이 단계적으로 재판하도록 권고하였고, 모세는 이러한 권고를 수용하여 사법제도가 성립된다(18:13-26).

(2) 시내 산 언약(19:1-24:18)

① **십계명**(20:1-17)

- 하나님은 이스라엘 백성에게 형상이 아닌 말씀(십계명)

으로 자신을 나타내신다.

- 하나님께서는 구원받은 이스라엘 백성에게 복된 삶의 법칙으로 십계명을 주셨다. 십계명은 오경(五經)에서 두 번 언급된다(출 20:1-17; 신 5:6-21).
- 십계명의 첫 네 계명은 하나님을 향한 의무이고 나머지 여섯 계명은 이웃을 향한 규정이다.
- 신약 성경에서 예수님께서는 십계명을 '하나님 사랑'과 '이웃 사랑'이라는 새 계명으로 말씀하셨다(참조. 마 22:37-40).

〈십계명〉

계명	내 용	의 미	새 계명
1	다른 신들을 네게 두지 말라	하나님의 유일성	하나님 사랑
2	우상을 만들어 섬기지 말라	우상숭배 금지	
3	하나님의 이름을 망령되게 부르지 말라	하나님 경외	
4	안식일을 지키라	주일 성수	
5	부모를 공경하라	효의 실천	이웃 사랑
6	살인하지 말라	생명 존중	
7	간음하지 말라	성의 성결 강조	
8	도둑질하지 말라	소유권 보호	
9	거짓 증거하지 말라	정직과 진실	
10	이웃의 것을 탐내지 말라	이웃 존중과 자족	

② **율법 수여**(20:22-24:18)

- 이스라엘 백성은 야훼 하나님과의 계약체결과 율법 수여를 통해 하나님과의 관계를 공고히 하고, 하나님의 백성으로서의 신앙 공동체로 거듭나게 된다(24장).
- 특히 율법(언약서, 21-23장)은 십계명을 기초로 하여 만든 구체적인 삶의 실행을 제시하는 규범이라 할 수 있다(참조. 24:7).
- 하나님께서는 하나님의 섭리를 이스라엘 백성에게 상기시키기 위해 매년마다 열어야 할 세 절기를 말씀하셨다(23:14-19).

3대 절기	기간(종교력)	의 미
유월절(무교절)	1월 14일(1월 15-21일)	출애굽 기념 감사
칠칠절(오순절)	초실절로부터 50일 째 날	밀 추수 감사
수장절(초막절)	7월 15-21일	광야에서의 보호에 감사

시내 산 언약(출 24:1-11)

출애굽기 24장에서 체결되는 시내 산 언약은 이스라엘 백성이 야훼 하나님의 선민의 지위를 합법적으로 부여 받는 사건이다. 즉, 하나님의 언약의 민족으로서 이스라엘이 언약의 주체이신 야훼 하나님과의 동행과 교제가 공식적으로 확보된 것을 뜻한다. 25장부터 언급되고 있는 성막의 구속사적 의미는 이러한 사실을 실제적으로 뒷받침해 주고 있다.

(3) 성막 건설 계시(25:1-31:18)

성막(출 25:1-31:18)

성막은 하나님의 임재를 상징하는 처소이다. 성막 건설의 중요한 목적은 각종 제사를 통하여 하나님께서 택하신 거룩한 예배 공동체인 이스라엘 백성과 교제하기 위해서이다. 야훼 하나님과 교제한다는 것은 구속받은 선민으로서의 이스라엘 백성이 누리는 축복의 극치이며 언약의 실체이다. 이처럼 하나님의 임재를 상징하는 성막은 현대를 살아가는 우리에게도 본질적으로 구속사의 영원한 임마누엘 되시는 예수 그리스도를 상징해 주고 있다.

① 성막 배치 계시(25:1-27:21)

- 성막은 예수 그리스도의 모형(참조. 히 9-10장)으로 성막 뜰과 성소, 지성소로 구분된다.
- 성막 뜰은 울타리 동편에 있는 문을 통과하여 들어갈 수 있으며, 이곳에는 놋제단과 물두멍이 위치한다.
- 성소에는 진설병을 두는 상과 등잔대, 분향단이 있으며, 분향단 앞에서 제사장이 자신과 백성을 위해서 기도한다.
- 성소와 지성소는 휘장으로 구분되어 있으며, 지성소 안에는 증거궤(법궤)가 있다. 법궤 안에는 두 돌판과 아론의 싹난 지팡이, 만나 항아리가 위치한다(참조. 히 9:4).

〈성막평면도〉

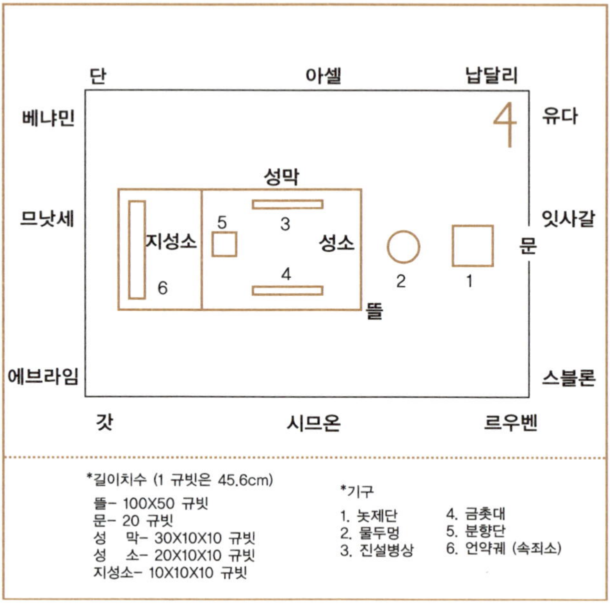

② 제사장과 직분 위임(28:1-29:46)

- 제사장의 직분은 하나님께서 레위 자손인 아론과 그의 아들들에게 위임하여 거룩하게 구분하셨다(29:9).
- 제사장들은 이스라엘 앞에서 하나님을 대표하며, 하나님 앞에서 이스라엘 백성들을 대표한다.

③ 제사를 위해 필요한 추가적 사항들(30:1-31:18)

- 하나님께 제사를 드리기 위해서 추가적으로 필요한 것들로 분향단, 속전, 물두멍, 관유와 향이 자세하게 규정된다(30:1-38).

〈대제사장의 복장〉

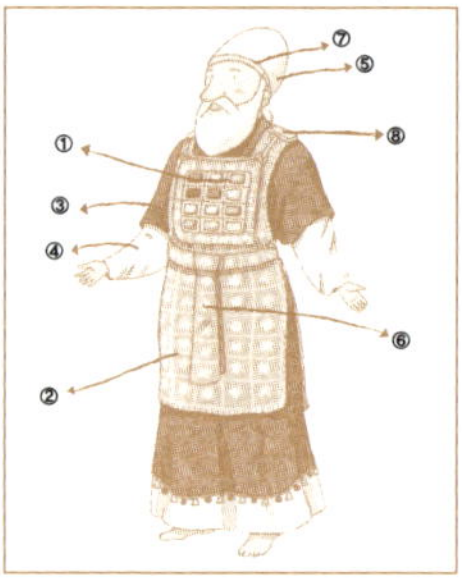

① 흉패
② 에봇
③ 청색 겉옷
④ 흰 세마포 속옷
⑤ 흰 세마포 관
⑥ 띠
⑦ 금패
⑧ 견대

- 하나님께서는 브살렐과 오홀리압을 불러 성막과 제사에 필요한 도구들을 제작하도록 지시하신다(31:1-11).
- 안식일은 하나님과 이스라엘 백성 사이의 대대의 표징으로서 이스라엘 백성은 안식일 준수를 통해 하나님과 영원한 언약을 맺었음을 드러내야 한다(31:12-17).

생명의 속전(출 30:11-16)
예수께서 우리의 생명의 속전

물두멍(출 30:17-21)
살아계시는 하나님의 말씀의 성결케 하는 능력

관유(출 30:22-23)
거룩케 하는 성령을 상징

향(출 30:34-38)
향을 만들 때는 반드시 소금을 섞어야 함

(4) 금송아지 사건(32:1-34:35)

① 우상 숭배와 언약 파기(32:1-6)

- 모세가 율법을 받기 위해 시내 산에 올라가 40일간 금식하고 체류하는 동안 이스라엘 백성은 아론에게 "우리를 위하여 우리를 인도할 신을 만들라"(32:1)고 요구한다.
- 아론은 금송아지 형상을 만들어 야훼 하나님을 대신하는 우상을 만들고 이스라엘 백성은 그것을 숭배하는 죄를 범하게 된다(32:4).

② 하나님의 진노와 모세의 첫 번째 중보기도(32:7-14)

- 이스라엘 백성의 죄로 인한 하나님의 분노와 그들을 진멸하시려는 계획에 대해 모세는 애굽 사람들이 조롱할 것과 조상들에게 하신 언약을 거론하며 기도를 드리고, 하나님께서는 이스라엘 백성에게 화를 내리지 않으신다(32:12-14).

③ 백성에 대한 모세의 심판과 두 번째 중보기도(32:15-33:11)

- 모세는 참람한 행위를 하는 백성들 앞에서 하나님께로

모세의 중보기도 순서
- 주의 백성에게 이 화를 내리지 마옵소서(출 32:12)
- 그들의 죄를 사하시옵소서(출 32:32)
- 우리로 주의 기업을 삼으소서(출 34:9)

부터 받은 두 돌판을 깨뜨린다(32:19).

- 모세는 야훼 편에 선 레위 자손을 통해 우상 숭배를 주동한 3천 명 가량의 백성을 처결하도록 한다(32:25-28).
- 야훼께 이스라엘 백성의 죄를 사해달라는 모세의 중보기도에도 불구하고 하나님과 이스라엘 백성의 관계는 완전히 회복되지 않는다(33:3-7).

④ 세 번째 중보기도와 하나님의 동행의 회복(33:12-23)

- 야훼 하나님께서 이스라엘 백성과 동행하지 않으시겠다는 말씀을 들은 모세는 다시 한번 하나님께 자비를 간구한다(33:12-13).
- 하나님께서는 뜻을 돌이키사 동행을 약속하신다(33:13).

⑤ 언약 갱신(34:1-28)

- 야훼 하나님께서는 십계명을 기록한 두 돌판과 야훼 하나님을 섬기는 것과 관련된 특별한 규정들을 모세에게 주시며 언약을 갱신하신다(34:10-28).

(5) 성막 건설과 봉헌(35:1-40:38)

① 성막 건설(35:1-29)

- 야훼 하나님으로부터 성막 계시를 받은 모세는 다시 한번 안식일 계명의 중요성을 강조하고 이스라엘 백성에게 성막 건립을 명한다(35:4-20).

- 마음이 감동되고 자원하는 모든 이스라엘 백성들은 즐거이 성막 건립을 위해 헌물을 드린다(35:20-29).
- 성막 건설의 핵심 기술자들로 브살렐과 오홀리압이 지명되어 하나님께서 명령하신 대로 작업이 이루어진다(36:8-39:43).

② **성막 봉헌**(40:1-38)

- 야훼 하나님께 나아가는 은혜의 통로인 성막 건립의 역사가 완성되자 야훼의 영광이 성막에 충만하였다(40:34-35).
- 낮에는 야훼의 구름 기둥이 성막 위에 있고 밤에는 불기둥이 함께 있어 이스라엘 백성이 행진하는 곳에 야훼 하나님께서 언제나 함께 하셨다(40:38).

출애굽기의 적용과 실천

하나님은 나에게 매순간 어떠한 방법으로 계시하고 있습니까(3:1-22)?

성막 건축자들은 "야훼의 명하신대로" 성막을 준공하였습니다. 우리는 하나님께서 명하신 대로 살고 있습니까(39:32-43)?

성막위의 구름을 통해 하나님께서는 이스라엘 민족을 인도하셨습니다. 우리는 지금 하나님의 말씀과 성령님의 인도함을 받고 있습니다. 이것이 바로 인생의 광야길에서 인도함을 받을 수 있는 유일한 길입니다.

출애굽기(1~40장) 읽기

주일	월	화	수	목	금	토
1:1-7:13	7:14-12:36	12:37-18:27	19:1-24:18	25:1-29:37	29:38-34:35	35:1-40:38

레위기

"육체의 생명은 피에 있음이라 내가 이 피를 너희에게 주어 제단에 뿌려
너희의 생명을 위하여 속죄하게 하였나니 생명이 피에 있으므로 피가 죄를 속하느니라"(레 17:11)

기록목적 레위기는 성막 완성 이후 이스라엘 백성이 선민으로서 살아가는 데에 필요한 제도와 규칙을 공포하며, 속죄 의식을 통해 하나님께 나아가는 법을 알려 주고 있다. 하나님의 인격 특히 그분의 거룩성과 선택의 사랑과 은혜에 대해 폭넓은 계시를 내포하고 있다. 또한 궁극적으로는 완전한 희생 제물이시며 영원한 대제사장이신 예수님의 희생과 구속의 의미를 보여 준다.

저　　자 모세

특　　징
- 거룩한 하나님 앞에서 행할 이스라엘 신앙인의 예배와 삶을 언급하고 있다.
- 이스라엘 백성의 삶에 깊숙히 관여한 각종 율법과 규례들로 가득 채워져 있다.
- 하나님을 섬기기 위해 타락이나 제의적 오염으로부터 구별되어야 한다는 의식적인 거룩이 강조되고 있으며, 이러한 거룩성은 궁극적으로 윤리적 거룩성의 상징이며 기초이다.
- 구약의 어떤 책보다 다양하고 심도 있게 예수 그리스도를 예표해 주고 있다.

내·용·분·해

대분류	소분류	주요 내용
1. 하나님께 나아가는 길 (제사법, 1:1–10:20)	(1) 구약의 5대 제사 (1:1–7:38)	① 번제 ② 소제 ③ 화목제 ④ 속죄제 ⑤ 속건제 ⑥ 제사장들이 준수해야 하는 제사 규례
	(2) 제사장 위임식 (8:1–10:20)	① 위임식 ② 나답과 아비후의 죽음
2. 하나님과 교제하는 길 (성결법, 11:1–27:34)	(1) 정결에 관한 규례 (11:1–15:33)	① 정한 짐승과 부정한 짐승 ② 각종 정결 규례
	(2) 속죄일(16:1–34)	① 속죄일
	(3) 성결법전 (17:1–26:46)	① 각종 성결에 대한 규례 ② 반드시 죽여야 하는 죄 ③ 제사장과 성물에 대한 규례 ④ 이스라엘의 절기와 희년 ⑤ 등대와 진설병 규정과 살인과 폭력에 대한 법 ⑥ 안식년과 희년 ⑦ 순종과 불순종의 결과
	(4) 부록 (서원법, 27:1–34)	① 서원 규례 ② 야훼의 것

내·용·연·구

1. 하나님께 나아가는 길(제사법, 1:1-10:20)

"너희는 거룩하라 이는 나 여호와 너희 하나님이 거룩함이니라" (레 19:2)

(1) 구약의 5대 제사(1:1-7:38)

① 번제(1:1-17)

- 번제는 제물 전체를 불에 태우는 것으로 하나님에 대한 완전한 헌신(참조. 롬 12:1-2)과 속죄(1:4)를 상징하는 제사이다.
- 흠이 없고 집에서 기른 동물(소, 양, 염소 혹은 비둘기)만 바칠 수 있었으며, 야생 동물이나 흠이 있는 짐승은 바쳐서는 안 된다(1:3,10).
- 예배자는 희생제물을 가져와 그 머리에 안수하고 죽인 후에 가죽을 벗기고 각을 떴다. 제사장은 피를 모아 제단 위에 뿌리고 각이 뜨여진 제물 전체를 불로 태웠다(1:4-9).
- 안수의 행위를 통해 예배자의 죄가 제물에게로 전가되고 제물은 드리는 자를 대신하여 죽는 대속의 의미를 갖게 된다. 이로써 죄는 용서를 받고 다시 하나님과 교제할 수 있게 된다.

구약의 제사(모형)
죄인이 제물을 가지고 성막으로 나옴
제물에 안수하고 죄를 고백함
안수를 통해 죄를 전가한 제물을 죽임
제물의 피를 하나님께 드림

② 소제(2:1-16)

- 소제는 하나님에 대한 감사를 상징하는 제사로 다섯 가

신약의 제사(실체)
희생 제물로 오신 어린양 예수님
죄인과 예수님의 연합
제물 되신 예수님의 고난과 죽음
예수님의 피를 하나님께 드림

소금을 치는 의미
- 하나님과 인간 사이에 맺어진 언약은 영원 불변한 것임
- 하나님은 영원토록 인간과 우호적인 관계를 유지함

지 제사 가운데에 유일하게 피 없이 곡식으로 드리는 제사이다. 소제는 일부분만 제단 위에서 태우고 나머지는 제사장에게 전달되었다(2:9-10).

- 소제는 고운 가루나 요리한 빵 혹은 볶은 곡물 형태(2:2, 4-5,14)로 드릴 수 있고, 누룩과 꿀을 섞을 수 없으며, 소금을 치도록 되어 있다(2:11-13; 참조. '소금 언약' 민 18:19, 대하 13:5).

③ **화목제**(3:1-17)

- 화목제는 하나님과의 화목과 깊은 영적 친교를 상징하는 제사이다. 종류에는 감사제와 서원제, 자원제가 있다(7:15-16).
- 제사 후에는 성도들이 성막 뜰에서 제물을 함께 나누어 먹으며 교제하였고, 예배자가 제물을 먹을 수 있는 유일한 제사였다(3:17; 7:15).
- 화목제의 주된 목적은 속죄라기보다는 축하와 화목이고, 화목제는 예수 그리스도께서 '십자가의 화평' 으로 이루신 것을 보여주는 모형이다.

④ **속죄제**(4:1-5:13)

- 속죄제는 고의성이 없이 부지중에 지은 죄를 사함 받기 위한 제사이다(4:13,22,27).
- 속죄제는 가장 자세하게 다루어지는 제사로서 신분과 책임에 따라 제사장(4:3-12), 회중(4:13-21), 족장(4:22-26),

평민(4:27-35)의 속죄제로 구분된다.

- 속죄제는 죄인의 죄가 사해지도록 하는 영향력을 갖는데(4:26,31,35; 5:10,13), 이러한 속죄제의 효력은 예수 그리스도가 오셔서 피 흘려 죽으심으로 완전히 단번에 성취되었다.

⑤ **속건제(5:14-6:7)**

- 속건제는 고의든지 비고의든지 하나님의 성물과 계명을 범한 경우(5:15-19), 이웃에게 상해나 손실을 입힌 경우(6:1-7) 드려지는 제사이다.
- 속건제는 다른 제사와는 달리 오직 숫양이 제물로 드려지며 배상이 따르는 것이 특징이다.

명 칭	상징과 의미	그리스도의 속성
번 제	완전한 헌신과 속죄의 제사	완전한 희생과 헌신
소 제	충성과 감사의 제사	무죄성과 충성
화목제	하나님과 화목, 이웃과 화평, 교제	하나님의 중보자
속죄제	하나님과의 막힌 장벽인 죄 용서(속죄)	속죄 사역, 어린양 예수
속건제	죄 용서와 회복(배상)	십자가 통한 완성

(2) 제사장 위임식(8:1-10:20)

① **제사장 위임식(7일 동안 진행, 8:1-9:24)**

- 아론과 그의 아들들의 제사장 위임식은 아직까지는 그들이 제사장직을 수행할 수 없으므로 모세에 의해 진행

구약에 제사장의 기능 (출 29:15-18)

- 하나님과 사람 사이의 중보의 역할
- 중보를 하기 전에 자신이 먼저 속죄
- 자신들을 위해서 번제로 수양을 바침(자신들의 삶 전체를 하나님께 드린다는 의미)

되었다.

- 첫째 날에는 성별하게 하는 것 즉 물로 씻기고 제사장복을 입힌 후 관유를 머리에 부어 거룩하게 하는 것(8:2-13)과 속죄제와 번제 그리고 화목제가 차례로 거행된다(8:14-32).
- 아론과 그의 아들은 7일 동안의 위임식(8:33)이 끝난 후에 번제와 속죄제와 화목제를 드렸는데, 불이 야훼 앞에서 나와 제단 위의 번제물과 기름을 사름으로써 아론의 첫 제사를 받으시고 제사장직을 인준하신다(9:24).

② **나답과 아비후의 죽음**(10:1-20)

- 아론의 아들 나답과 아비후는 분향 제사를 드리는데 하나님께서 말씀하신 번제단의 불(6:12)이 아닌 다른 불을 사용함으로써 죽임을 당하게 된다(10:1-2). 그들의 죽음은 불순종의 대가였으며, 또한 앞으로는 그와 같은 불순종을 범하지 말라는 경고이다.
- 하나님께서는 거룩하게 구별된 제사장이 하나님의 방법으로 예배할 것을 말씀하시면서 성소에서 봉사할 때 술을 마시지 않아야 함을 말씀하신다(10:9).

2. 하나님과 교제하는 길(성결법, 11:1-27:34)

(1) 정결에 관한 규례(11:1-15:33)

① 정한 짐승과 부정한 짐승(11:1-47)

- 하나님께서는 정한 짐승과 부정한 짐승을 구분하여 주셨는데 이스라엘 백성은 부정한 짐승의 고기를 먹거나 그 주검을 만져서 부정하게 되지 말라는 경고를 받는다(11:8,11,24-28,33-44).

레위기가 규정하는 부정한 상태
하나님께 예배 드리는 자리에 나아갈 수 없는 상태

〈정결한 동물과 부정한 동물〉

종 류	정결한 것	부정한 것
포유류	굽이 갈라지고 새김질하는 것 (레 11:2–3; 신 14:4–6)	굽이 갈라지지 않거나 새김질하지 않는 것(레 11:4–7; 신 14:7–8)
어 류	지느러미와 비늘이 있는 것 (레 11:9; 신 14:9)	지느러미와 비늘이 없는 것 (레 11:10–12; 신 14:10)
조 류	부정한 것 이외의 것 (신 14:11,20)	흉폭한 것, 부패한 고기를 먹는 것, 부정한 곳에 사는 것 (레 11:13–19; 신 14:12–19)
곤충류	날개가 있고 기어 다니되 땅에서 뛰는 것(레 11:21–22)	날개가 있고 기어 다니는 것 (레 11:20,23)
기는 것	없음	모두 부정함(레 11:29–31,41–44)

〈거룩의 등급〉

공 간	인 간	짐 승	조 류	어 류
지성소 (언약궤)	제사장	제물(소, 양 등)	제물 (비둘기, 집비둘기 등)	
성막 (성전)	이스라엘 사람	정한 짐승(굽이 갈라지고 새김질을 하는 짐승)	정한 새(사냥한 새들을 제외한 모든 새)	지느러미와 비늘이 있는 물고기
성막 바깥 (성전 바깥)	이방인	부정한 짐승	부정한 새	지느러미와 비늘이 없는 물에 사는 모든 생물

② 각종 정결 규례(12:1-15:33)

- 하나님께서는 출산 후 정결법(12:1-8), 나병 정결법(13:1-14:57), 유출병에 대한 정결법(15:1-33) 등을 말씀하심으로 이스라엘 백성이 그들의 생활 가운데서 접하는 모든 부정을 제하고 정결함을 유지하도록 하셨다.

(2) 속죄일(16:1-34)

① 속죄일(종교력 7월 10일, 16:1-34)

- 속죄일은 레위기의 중심으로 모든 제사의 기초가 되는 이스라엘에서 가장 중요한 날이며, 제사제도의 핵심인 속죄가 이루어지는 날이다.
- 히브리서는 예수 그리스도의 속죄의 그림자라고 설명하고 있으며(히 7-10장), 그리스도께서 십자가에 죽으심으로써 단 한 번의 영원한 제사로서 속죄를 이루셨다는 것을 강조하고 있다(히 9:28).

속죄일(레 16:1-34)

속죄일은 대제사장이 지성소에 나아가 모든 백성의 죄와 제사장의 죄와 제단의 부정까지 속함을 받는 날이다. 레위기 11장부터 15장까지 언급된 여러 종류의 부정(不淨)은 속죄일에 행해지는 대제사장의 속죄제에 의해 정결하게 된다.

이날의 가장 인상적인 행사는 아사셀 염소를 광야로 내보내는 의식이다. 이것은 이스라엘 모든 백성의 죄를 진 밖으로 내보낸다는 의미를 가지고 있다. 광야로 내보낸 속죄 염소 아사셀에 관해 신약 성경은 언급하지 않고 있다. 그러나 아사셀 염소는 예수 그리스도를 상징해 주고 있다. 염소가 이스라엘 백성의 죄를 지고 광야로 나가 죽었듯이, 예수 그리스도도 온 인류의 죄를 지고 예루살렘 밖에 나가서 십자가에 못 박혀 죽은 것이다.

(3) 성결법전(17:1-26:46)

① 각종 성결에 대한 규례(17:1-19:37)

- 피에 대한 규례: 성막 바깥에서 동물을 죽여 피를 흘리는 것과 무슨 피든지 먹는 자는 백성 가운데서 끊어진다(17:4,10).
- 성(性)에 대한 규례: 이방의 가증한 풍속을 따라 불법적이고 부정한 성관계를 하지 말 것을 가르치고 있다(18:3-23).
- 생활 규례: 거룩한 백성의 생활 윤리를 십계명에 기초하여 설명하고 있다(19:1-37). 19장은 성결법전의 핵심으로 "네 이웃 사랑하기를 네 자신과 같이 사랑하라"(19:18)는 말씀이 기록되어 있다.

② 반드시 죽여야 하는 죄(20:1-27; 24:10-23)

- 우상 숭배자(20:2-5), 근친상간한 자나 음행한 자(20:10-

근친상간죄
처형 당함(레 20:11-17)
저주를 받음(신 27:20-23)

성경에 나타난 사회 보호 대상자

- 이방 나그네, 과부, 고아, 가난한 자, 이웃, 귀먹은 자, 소경, 가난한 품꾼

16), 부모를 저주하는 자(20:9)는 죽임을 당한다.

- 야훼의 이름을 모독하거나 저주하는 자도 반드시 죽임을 당한다(24:15-16).

③ **제사장과 성물에 대한 규례**(21:1-22:33)

- 제사장은 하나님 앞에서 백성들을 대표하고 중보하는 역할을 감당하고, 성물은 거룩한 하나님 앞에 제사 드리는 필수적인 요소이기 때문에 다른 어떤 것보다 더욱 철저히 성결함이 요구된다(21:4; 22:2).
- 성물은 아론과 그의 가족(결혼한 딸은 제외), 자손, 소속된 종만이 먹을 수 있고(22:11-13) 일반인은 먹을 수 없다(22:10,13).
- 희생 제물로는 흠이 없는 것과 성숙한 것이 드려져야 하고, 흠이 있는 것과 미성숙한 것은 드려져서는 안 된다(22:17-33).

④ **이스라엘의 절기**(23:1-44)

절 기	시기(종교력)	관련 성구	의 미
안식일	매주 금요일 일몰 부터 이튿날 일몰까지	레 23:3 출 20:8-11	· 창조 기념 · 예수 그리스도 안에서 참된 안식
유월절	1월 14일	레 23:5 민 28:16 신 16:1-2	· 출애굽 기념 · 어린양은 예수 그리스도를 상징
무교절	1월 15-21일	레 23:6-8 민 28:17-25 신 16:3-8	· 출애굽 때 광야에서의 고생을 기억 · 예수 그리스도의 고난을 상징

절 기	시기(종교력)	관련 성구	의 미
초실절	무교절 기간 중 안식일 다음날	레 23:9-14	· 보리 추수의 첫 열매를 봉헌 · 부활의 첫 열매 그리스도를 상징
칠칠절 (오순절)	초실절로부터 50일째 되는 날	레 23:15-22 출 34:22 신 16:9-12	· 밀 추수의 첫 열매를 봉헌 · 시내 산 율법 수여에 감사 · 성령 강림 기념
나팔절	7월 1일	레 23:24-25 민 29:1-6	· 신년 감사 · 재림과 새 예루살렘 상징
속죄일	7월 10일	레 23:26-32 민 29:7-11	· 온 이스라엘의 죄를 속하는 날 · 예수 그리스도의 대속의 죽음 상징
초막절 (장막절)	7월 15-21일	레 23:33-44 민 29:12-40 신 16:13-15	· 광야에서의 장막생활 기념 · 모든 추수를 마친 후 드리는 감사 · 영원히 거할 장막, 하나님 나라

⑤ 등대와 진설병 규정과 살인과 폭력에 대한 법(24:1-23)

- 성소 안에 있는 등대는 계속해서 켜져 있어야 하고(24:2) 그 맞은편에 있는 진설병상에는 떡 열 두 개가 두 줄로 진열되어 안식일마다 항상 진설되도록 해야 된다(24:6-8).
- 하나님을 모독한 자는 반드시 죽임을 당하게 됨이 분명하게 규정되고(24:16) 살인과 폭력 사건은 동해 복수법에 의해 처리되도록 정해진다(24:17-22).

⑥ 안식년과 희년(25:1-55)

- 7년에 한 번 돌아오는 안식년은 휴경년으로 저절로 자라난 열매는 가난한 사람들과 가축 그리고 들짐승의 필요를 채우는 것이 된다(25:1-7).
- 일곱 번의 안식년이 지난 후 50년째 해는 희년으로 땅은

동해 복수법(24:17-21)
신체 상해, 재산상의 손해에 대한 복수법이며 살인에 관한 것은 피의 복수법에서 다룬다.

안식년
매 7년마다
출 23:10-13; 레 25:1-7
토지의 휴경(회복)
그리스도 안에서의 참된 안식과 회복

희년
매 50년마다
레 25:8-55
야훼 하나님은 모든 만물의 주인
자유의 기쁨을 누리는 해
그리스도 안에서의 참된 자유와 기쁨

휴경하게 된다(25:11). 희년에는 땅이나 집을 저당잡힌 사람들이 값을 지불하지 않고 자기 소유를 되돌려 받고, 채무로 인해 노예가 된 사람도 자유인이 되도록 해서 야훼 하나님이 이스라엘 백성을 자유하게 해 주신 것을 기념하도록 했다(25:23-55).

⑦ **순종과 불순종의 결과**(26:1-46)

- 하나님의 계명과 규례의 순종 여부에 따라 축복과 저주가 구분된다.
- 하나님께서는 불순종하는 자에게 포로유배가 있을 것이지만 그들이 회개하면 자신의 언약을 기억하시고 그들을 회복시키실 것을 말씀하신다(26:40-46).

시내산 언약의 세 가지 특징 (레 26장)

- 율법은 하나님의 은혜로 수여된다.
- 하나님과 그의 백성의 관계에는 의무가 있다.
- 이 언약은 영원한 언약이다.

(4) 부록(서원법, 27:1-34)

① **서원 규례**(27:1-25)

- 서원은 의무가 아니라 자원하는 마음으로 하나님께 헌신을 약속하는 것이다. 서원은 반드시 지켜야 한다(참조. 전 5:4-6).
- 만일 서원한 것을 이행하지 않으면 죄가 되어 그에 따른 속죄제를 드려야 하고, 규례대로 대가를 지불해야 한다(27:2-25).

② **야훼의 것**(처음 난 가축과 십일조, 27:26-34)

- 가축 중에 처음 난 것(27:26-27), 야훼께 온전히 바친 것

(27:28-29), 땅의 소산과 과실의 십분의 일(27:30-31), 가축의 열 번째의 것(27:32-33)은 야훼의 것이다.

레위기의 적용과 실천

하나님과의 화평이 깨어지지 않기 위해 우리는 조그마한 일상적인 죄도 하나님께 아뢰고 있습니까(4:13-21)?

우리가 어떠한 잘못을 했을 때 하나님 앞에 곧 자신의 허물을 인정하고 고치십니까? 아니면 자신의 잘못을 감추고 변명하고 있습니까(26:40-46)?

하나님께서는 인간들의 속죄와 화해를 이룰 온전한 대제사장, 완전한 희생 제물로 독생자이신 예수 그리스도를 보내주셨습니다. 예수님은 흠 없고 죄 없는 신분으로 이 땅에 오셔서 대제사장으로서 속죄제를 드렸습니다.

레위기(1~27장) 읽기

주일	월	화	수	목	금	토
1:1-6:7	6:8-10:20	11:1-15:33	16:1-17:16	18:1-22:33	23:1-25:55	26:1-27:34

민수기

"너는 이스라엘 자손에게 명령하여 그들에게 이르라 너희가 가나안 땅에 들어가는 때에
그 땅은 너희의 기업이 되리니 곧 가나안 사방 지경이라" (민 34:2)

기록목적 민수기는 이스라엘 민족이 약속의 땅에 들어가기까지의 약 38년간의 광야 유랑과 여정을 서술하고 있다. 본서는 특별히 두 가지 중심 사상, 즉 이스라엘 백성의 불순종에 대한 하나님의 심판과 인간의 신뢰를 뛰어넘는 하나님의 일방적인 은혜와 사랑을 보여 줌으로써 하나님께 대한 믿음과 순종으로 약속의 땅에 들어가야 함을 보여주기 위해 기록되었다.

저　자 모세

특　징
- 하나님을 향한 믿음과 순종이 하나님의 약속을 성취시킬 수 있다는 것을 보여 준다.
- 이스라엘 백성의 끊임없는 원망과 불평 가운데서도 신실하게 행하시는 하나님의 자비와 사랑을 강조하고 있다.
- 이스라엘 백성들의 불신과 패역에도 불구하고 하나님께서는 전 인류를 구속하시려는 하나님의 원대한 계획을 포기하지 않으시고 새로운 세대를 통해 구원의 계획을 진행시키신다.
- 두 번의 인구 조사 기록에서 알 수 있듯이 수(數)에 대하여 특별한 관심을 보여 준다.

내·용·분·해

대분류	소분류	주요 내용
1. 가나안으로 출발 준비 (시내 산, 1:1–9:23)	(1) 제1차 인구 조사 (1:1–4:49)	① 인구 조사 ② 진 배치와 진행 순서 ③ 제사장과 레위인의 직무
	(2) 성결 규례와 제의 규례 (5:1–9:23)	① 성결 규례와 나실인 ② 회막 봉헌 ③ 유월절 준수 ④ 구름 기둥의 인도
2. 광야에서의 방황 (바란 광야, 10:1–25:18)	(1) 시내 산에서 출발 (10:1–12:16)	① 시내 산에서 출발 ② 백성의 원망과 불평
	(2) 가나안 정탐과 심판 (13:1–14:45)	① 정탐과 보고 ② 하나님의 심판
	(3) 제사 규정 (15:1–19:22)	① 각종 제사의 규정 ② 고라, 다단, 아비람의 반역과 모세와 아론의 권위 ③ 제사장과 레위인의 직무와 몫 ④ 부정을 정결하게 하는 물
	(4) 요단 동쪽 정복 (20:1–21:35)	① 므리바 사건, 미리암과 아론의 죽음 ② 불뱀과 놋뱀 ③ 모압 땅 체류와 아모리 두 왕을 물리침
	(5) 바알브올 사건 (22:1–25:18)	① 발락과 발람 ② 바알브올 사건
3. 가나안 입성 준비 (모압 평지, 26:1–36:13)	(1) 제2차 인구 조사 (26:1–27:23)	① 인구 조사 ② 모세의 후계자, 여호수아
	(2) 정착을 위한 준비 (28:1–36:13)	① 제물과 절기, 서원 규정 ② 요단 동편 분배와 여정 회고 ③ 가나안에서의 규정들

내·용·연·구

1. 가나안으로 출발 준비(시내 산, 1:1-9:23)

(1) 제1차 인구 조사(1:1-4:49)

① 인구 조사(1:1-54)

- 출애굽 2년이 되는 해에 야훼께서는 모세에게 레위지파를 제외하고 가나안 정복을 위한 전쟁에 나갈 만한 20세 이상의 남자를 가문과 종족에 따라 인구를 조사하도록 말씀하셨다(1:2-3).
- 인구 조사는 군사적인 목적으로 행해졌으며, 계수된 자의 총수는 603,550명이었다(1:46).

② 진 배치와 진행 순서(2:1-34)

- 이스라엘 백성들이 광야 생활을 효과적으로 할 수 있도록 성막을 중심해서 각각 3지파씩 배정되었으며, 유다 지파를 모든 지파의 지도자로 세우셨다(2:9).
- 진 배치의 내면의 의미에는 하나님이 임재하신 장소를 중심으로 이스라엘 지파가 사방으로 모여 있음으로 하나님께서 이스라엘 한 가운데 계심을 나타내고 있다.

"너희가 내 모든 계명을 기억하고 행하면 너희의 하나님 앞에 거룩하리라 나는 야훼 너희 하나님이라 나는 너희의 하나님이 되려고 너희를 애굽 땅에서 인도해 내었느니라 나는 야훼 너희의 하나님이니라"(민 15:40-41)

〈이스라엘 진 배치〉

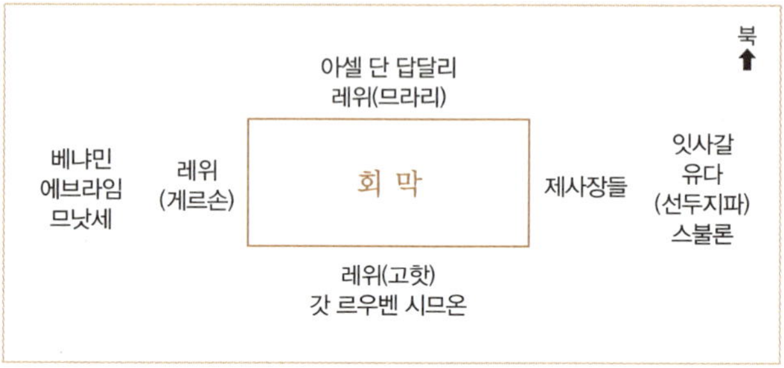

③ 제사장과 레위인의 직무(3:1-4:49)

- 레위 지파 중 아론의 아들들은 성소의 제사장으로서의 임무를 부여받고(3:1-4), 나머지 레위인들은 제사장들을 도와주는 역할을 했다.
- 레위인의 인구 조사의 대상은 다른 지파달리 생후 1개월 이상 된 남자였다(3:15). 이는 레위인이 이스라엘 모든 장자를 대신하는 속전(贖錢)으로서의 의미를 지니고 있기 때문이다(3:40-43).
- 레위 지파의 세 자손, 고핫과 게르손과 므라리 자손은 성막을 옮기며 돌보는 일을 맡았다(4:1-33).

<레위 자손의 임무>

족속	고 핫	게르손	므라리
1개월 이상	8,600명	7,500명	6,200명
회막 봉사자	2,750명	2,630명	3,200명
임무	증거궤, 진설병의 상, 등잔대, 금제단과 성소의 모든 기구를 덮음	성막의 휘장과 장막의 덮개, 회막 휘장 문, 뜰의 휘장 문과 기구들	장막 널판, 기둥, 기둥 받침, 말뚝, 줄
운반시	어깨로	수레 둘과 소 넷	수레 넷과 소 여덟
진 배치	회막 남편	회막 서편	회막 북편
행진시	갓과 에브라임 사이	스불론과 르우벤 사이	스불론과 르우벤 사이

(2) 성결 규례와 제의 규례(5:1-9:23)

① 성결 규례(5:1-6:27)

- 진은 야훼가 거하시는 곳이므로 특별히 거룩해야 할 필요성이 있었기 때문에 여러 가지 성결 규례들이 제시되어 있다.
- 이스라엘 백성이 정결하고 순결하지 못하면 하나님의 버림을 받고 약속된 땅에 들어갈 수 없다는 점을 반영한다.

② 회막 봉헌(7:1-8:26)

- 성막이 세워진 후 봉헌의식으로 모세는 그 모든 기구들을 기름을 발라 거룩히 구별하였다.
- 이스라엘의 각 지파의 지휘관들이 12일에 걸쳐 하루에 한 명씩 하나님께 소제물, 번제물, 속죄제물, 화목제물

성결규례(민 5:1-6:27)
- 진에서의 성결 규례
- 죄에 대한 보상 규례
- 간음의 혐의에 관한 법
- 나실인의 규례

제사장의 축복문(민 6:24-26)

"야훼는 네게 복을 주시고 너를 지키시기를 원하며 야훼는 그의 얼굴을 네게 비추사 은혜 베푸시기를 원하며 야훼는 그 얼굴을 네게로 향하여 드사 평강주시기를 원하노라"

등의 동일한 봉헌 예물을 드렸다(7:1-89).

③ **유월절 준수**(9:1-14)

- 야훼께서는 모세에게 이스라엘 백성이 출애굽 일주년을 맞이하여 시내 광야에서 가장 중요한 절기인 유월절을 지킬 것을 명하셨다(9:1-4).
- 그 과정에서 사람의 시체로 부정하게 된 사람들이 발생하게 되자(9:6) 그러한 사람들은 한 달 후에 유월절을 기념하도록 지시를 받는다(9:11).

④ **구름 기둥의 인도**(9:15-23)

- 성막을 세운 날에 야훼께서 구름으로 임재하셔서 성막 곧 증거의 성막을 덮었고, 저녁이 되면 불 모양 같은 것이 나타나 아침까지 이르렀다(9:15-16).
- 이스라엘 백성들은 구름기둥과 불기둥이 멈추는 곳에서 진을 치고, 그것이 움직이면 다시 진행했다(9:17-23).

2. 광야에서의 방황(바란 광야, 10:1-25:18)

(1) 시내 산에서 출발(10:1-12:16)

① **시내 산에서 출발**(10:1-36)

- 이스라엘 백성들은 출애굽한 지 제2년 2개월 20일에 구름이 증거의 성막에서 떠오르자(10:11-12) 나팔 부는 것

을 신호로 시내 산을 출발하였다.

- 여러 종류의 나팔 소리에 따라 이스라엘 백성들은 전진해 나아갔다(10:9-10).

② **백성의 원망과 불평**(11:1-12:16)

- 하나님께서 주시는 만나에 대한 불평을 하면서 고기를 요구하는 이스라엘 백성들에게 하나님께서는 메추라기를 보내신다(11:31-32).
- 하나님께 대한 원망과 불평으로 인해 이스라엘 백성은 큰 재앙으로 죽임을 당한다(11:33-34).

(2) 가나안 정탐과 심판(13:1-14:45)

① **정탐과 보고**(13:1-14:10)

- 하나님께서는 이스라엘의 각 지파에서 한 사람씩 선발된 정탐꾼들을 선발하여 40일 동안 약속의 가나안 땅을 정탐하게 하셨다(13:1-24).
- 여호수아와 갈렙(13:30; 14:6-9)은 그 땅을 능히 취할 수 있다는 긍정적인 보고를 하지만 열 사람의 정탐꾼들은 부정적인 보고를 한다.

나팔소리(민 10:6)
- 시내산에서 율법을 받았을 때(출 19:16,18,19)
- 사도 요한이 밧모섬에서 나팔소리 같은 음성을 들었을 때(계 1:10)
- 그리스도의 재림하실 때(마 24:31; 고전 15:52; 살전 4:16)

여호수아와 갈렙

여호수아

- 군인으로(출 17:8-16) 시내산에서 성막의 임무를 수행했다(출 33:11).
- "모세의 종" 이라고 불리웠다(민 11:28).
- 정탐꾼의 한 사람으로 충성했다(민 13장).
- 모세의 후계자가 되었다(수 1장).

갈렙

- 유다지파를 대표한 그나스 족속이었다(민 13:6; 32:16; 수 12:6).
- 85세 나이에 헤브론의 아낙 자손을 몰아냈다(수 15:13-14).

② 하나님의 심판(14:11-45)

- 여호수아와 갈렙만을 제외한 20세 이상의 이스라엘 백성들은 모두 40년 동안 광야에서 생활을 하다가 약속의 땅에 들어가지 못하고 죽어야 하는 심판을 받았다(14:29-32).
- 모세의 경고를 듣지 않고 가나안을 향하여 돌진한 백성들은 아말렉과 가나안 사람들에게 크게 패했다(14:39-45).

제사의 규정에 대해 (민 15:1-38)
- 제물의 종류와 분량
- 타국인의 제사
- 처음 익은 곡식의 제사
- 부지중에 지은 죄를 속하는 제사
- 안식일의 철저한 준수
- 옷단 귀에 청색 술을 다는 것

(3) 제사 규정(15:1-19:22)

① 각종 제사의 규정(15:1-41)

- 하나님께서는 이스라엘 백성의 새로운 세대가 가나안 땅에 진입해서 지켜야 할 각종 제사 규정에 대해 언급

하신다(15:2-28).

- 하나님께서는 각종 제사에 대한 계명의 준수가 하나님과 이스라엘의 관계를 온전케 함을 알리신다(15:40-41).

② 고라, 다단, 아비람의 반역과 모세와 아론의 권위 (16:1-17:13)

- 레위 사람 고라는 성막을 섬기는 지위에 만족하지 못하고 제사장직을 모욕하고, 다단과 아비람과 250명의 지휘관은 모세의 지도력에 대해 공격한다(16:1-3).
- 이들은 하나님의 심판을 받아 땅이 갈라져 산 채로 매장되고(16:31-33), 반역에 동참했던 250명의 지휘관 역시 야훼께로부터 나온 불로 죽임을 당한다(16:35).
- 하나님께서는 레위 지파인 아론의 지팡이에만 싹이 나고 살구 열매를 맺게 하심으로 제사장 아론의 권위가 하나님께로부터 나온 것임을 증명해 주셨다(17:1-11).

③ 제사장과 레위인의 직무와 몫(18:1-32)

- 제사장은 아론과 그의 아들들이 담당하고, 레위인은 성막에서 제사장을 돕는 자로, 토지를 분배받지 못했기 때문에 하나님께서 친히 그들의 분깃이 되어 주신다(18:20).
- 레위인은 이스라엘 백성의 십일조를 몫으로 받는다(18:21-32).

④ 부정을 정결하게 하는 물(19:1-22)

- 시체와 접촉하여 부정하게 된 사람들을 대속하기 위해

정결하게 하는 물(민 19:9)
붉은 송아지, 백향목, 우슬초와 홍색실을 태워서 재를 만들고 그것을 물에 섞은 것(속죄의 물과는 다름)

정결하게 하는 물을 만들어 뿌림으로 정결하게 하는 의식이 주어진다.

(4) 요단 동쪽 정복(20:1-21:35)

① 므리바 사건, 미리암과 아론의 죽음(20:1-29)

- 신 광야에 이르러 가데스에서 출애굽 1세대를 대표하는 세 사람 중에 가장 먼저 미리암이 죽었다(20:1).
- 물이 없다고 원망하는 이스라엘 백성들에게 모세는 므리바 물가에서 반석에게 명령하라는 하나님의 말씀을 어기고 반석을 지팡이로 두 번 침으로써 하나님의 거룩함을 나타내지 아니한 결과 가나안에 들어가지 못하게 된다(20:7-12).
- 므리바의 사건으로 인해 아론 역시 가데스의 호르 산에서 죽고, 그의 아들 엘르아살에게 제사장 직분이 승계된다(20:22-29).

② 불뱀과 놋뱀(21:1-9)

- 가나안 땅을 앞에 두고 에돔을 돌아서 먼 남쪽 길로 돌아가게 되자(20:14-21) 원망하는 이스라엘 백성들에게 하나님께서는 '불뱀'을 보내셨고 많은 사람들이 불뱀에 물려 죽게 되었다(21:4-6).
- 하나님께서는 모세에게 놋뱀을 만들게 하시고 그것을 바라 보는 자마다 모두 치료를 받아 살았다(21:7-9). 놋뱀

놋뱀
장대 위에 달림
불뱀에 물린 자를 구원
놋뱀을 쳐다보는 즉시 살아남
놋뱀을 바라보아야만 치유됨

예수 그리스도
십자가에 달림
죄 가운데 있는 자를 구원
예수님을 믿는 즉시 죽은 영혼이 살아남
예수님을 믿어야만 구원을 받음

은 예수 그리스도를 예표하는 대표적인 상징이다.

③ 모압 땅 체류와 아모리 두 왕을 물리침(21:10-35)

- 아모리 왕 시혼과 바산 왕 옥이 이스라엘 백성을 대적하자 이스라엘 백성은 그들을 물리쳐서(21:21-35) 여러 성읍을 취하고, 요단강 건너편 여리고 맞은 편 모압 평지에 진을 친다(22:1).

〈아모리 왕 시혼과 바산 왕 옥을 물리치다〉

(5) 바알브올 사건(22:1-25:18)

① 발락과 발람(22:1-24:25)

- 발락은 당대 근동에서 가장 유명한 점쟁이 발람에게 재물로 유혹하여 이스라엘을 저주하여 진멸시켜 주기를 바란다(22:6).
- 하나님은 발람을 통하여 오히려 이스라엘을 축복해 주셨다(23:7-10,18-24; 24:3-9,15-19).
- 발람은 이스라엘을 축복하면서 하나님의 백성을 대적하는 모든 원수를 정복하시는 자, 곧 영원한 왕이신 메시야에 대해 예언한다(24:17).

② 바알브올 사건(25:1-18)

- 모압 평지에 있던 이스라엘 백성은 모압 여자들과 음행하고 모압의 종교의식에 동참하였다(25:1-2). 이로 인해 하나님의 진노가 임하여 진 전체에 퍼진 염병으로 24,000명이 죽었다(25:9).

〈이스라엘의 반역과 징계〉

장소	내용	이유	누가	누구에게	징계	하나님의 자비
다베라 (11:1-3)	원망		백성	야훼	불로 진끝을 사름	모세의 기도로 불이 꺼짐
기브롯 핫다아와 (11:4-35)	불평	고기가 없음	섞여 사는 무리와 이스라엘 백성	모세	심히 큰 재앙	메추라기를 주심
하세롯 (12장)	비방	모세가 구스 여자를 취함	아론과 미리암	모세	미리암의 나병	칠 일 후 회복
가데스 (13-14장)	불신앙 과 불순종	가나안 정탐 보고	열 정탐꾼 회중	모세 모세와 아론	재앙으로 죽음 40년 간 유리	자녀들을 살리심
가데스 (16장)	탐욕	제사장 직분을 탐냄	고라당 250인 회중	모세와 아론	땅이 삼킴 불에 소멸됨 염병	철판으로 교훈 아론의 싹 난 지팡이 암송아지
므리바 (20:1-13)	불평과 불신앙	물이 없음 거룩함을 나타내지 아니함	회중 모세와 아론	모세와 아론 야훼	가나안 입성 불허	물을 내심
홍해 길 (21:4-9)	원망	길로 인해 마음이 상함 하찮은 식물	백성	하나님과 모세	불뱀에게 물려 죽음	놋뱀으로 구원

3. 가나안 입성 준비(모압 평지, 26:1-36:13)

(1) 제2차 인구 조사(26:1-27:23)

① 인구 조사(26:1-27:11)

• 제1차 인구조사가 전쟁 준비를 위한 것이라면 이번 인구조사는 가나안 땅을 점령할 것을 이미 전제하고 그 땅을 어떻게 분배할 것인가와 관련되어 있다(26:55).

② 모세의 후계자, 여호수아(27:12-23)

• 하나님께서는 모세에게 여호수아를 안수하여 후계자로 삼도록 명하셔서 이스라엘 백성을 인도하게 하셨다(27:18-23).

명 칭	1차 인구조사	2차 인구조사
시 기	출애굽 제2년 2월 1일(1:1)	출애굽 제 40년
장 소	시내 광야(1:1)	모압 평지(26:3)
대 상	참전할 만한 20세 이상의 남자(1:3; 26:2)	
목 적	광야 행군 및 군사적 목적	군사적 목적 및 땅 분배
특 징	· 2차 인구 조사 때는 가족 이름도 기재 · 2차 인구 조사 인원이 1차 때보다 1,820명 감소	

(2) 정착을 위한 준비(28:1-36:13)

① 제물과 절기, 서원 규정(28:1-30:16)

• 이스라엘 백성 전체가 매일 그리고 절기에 맞추어서 제사장들을 통해 드리는 제사의 제반 사항을 기록하고 있

다(28장; 29장).

② **요단 동편 분배**(31:1-33:49)

- 모세는 미디안의 다섯 왕과 함께 바알브올 사건의 배후 인물이었던 발람을 심판한다(31:7-8). 이 전쟁으로 이스라엘은 요단 동쪽을 얻게 된다.
- 갓, 르우벤, 므낫세 반 지파는 가나안 땅의 기업 대신 목초지로 적당한 요단 동쪽에 위치한 땅을 요청하여 분배받는다(32:1-42).

③ **가나안에서의 규정들**(33:50-36:13)

- 하나님께서는 모세를 통해 가나안 땅에 들어가서 그 땅 원주민을 모두 몰아내고 우상을 숭배하지 말고 산당을 없애야 그 땅에서 평안히 살 수 있음을 말씀하신다(33:50-56).
- 레위 지파에게는 각 지파에서 48개의 성읍과 주변의 초장이 주어진다(35:2-8). 요단 동편 세 곳과 서편에 세 곳이 도피성으로 지정되었다(35:15).

야훼께 서원한 것(민 30:3-16)
결코 무를 수가 없음
(단, 여자의 서원에 대하여는 과부와 이혼당한 여자를 제외하고는 아버지나 남편의 허락을 전제할 때 유효)

〈도피성〉

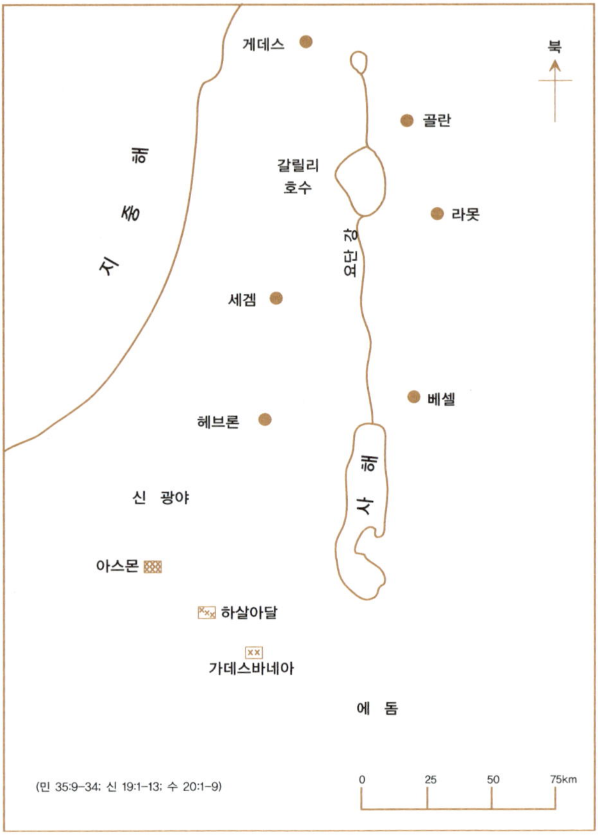
게데스
북
골란
지중해
갈릴리
호수
라못
요단 강
세겜
베셀
헤브론
사해
신 광야
아스몬
하살아달
가데스바네아
에 돔
(민 35:9-34; 신 19:1-13; 수 20:1-9)
0
25
50
75km

민수기의 적용과 실천

- 레위인은 거룩함으로 하나님 앞에 구별되어야 하듯 하나님의 부름 앞에 구별된 삶을 살고자 하는 결단과 의지가 있습니까(8:11)?

- 우리의 삶의 매 순간마다 진정한 도피성 되시는 주님을 안식처로 삼고 있습니까(35:15)?

하나님께서는 숫자로 표현된 한 사람 한사람에 대한 애정을 가지고 계십니다. 아무리 우리가 하찮은 존재일지라도 하나님께 속한 자에 대해서는 깊은 사랑과 그에 따르는 인도하심이 있습니다.

민수기(1~36장) 읽기

주일	월	화	수	목	금	토
1:1-4:49	5:1-9:23	10:1-14:45	15:1-19:22	20:1-25:18	26:1-31:54	32:1-36:13

신명기

"너는 마음을 다하고 뜻을 다하고 힘을 다하여 네 하나님 야훼를 사랑하라" (신 6:5)

기록목적 신명기에서 모세는 이스라엘 백성들이 가나안 땅에 들어가기 직전, 약속의 땅에서 어떻게 살아가야 할 것인가에 관해 하나님께서 가르쳐 주셨던 중요한 율법들을 되풀이 한다. 이 목적은 하나님과의 언약을 새롭게 각성시켜서 이스라엘 백성이 약속하신 땅에 들어가 그 땅을 유업으로 받도록 하기 위해서이다. 신명기는 이스라엘과의 언약을 맺어주신 하나님께 당연히 순종의 의무가 이스라엘에게는 있으며, 새 세대에게 하나님 말씀에 대한 순종만이 축복을 받는 유일한 길임을 더욱 강조하고 있다.

저 자 모세

특 징
- 야훼 하나님의 절대성을 강조하며 새로운 시내산 언약으로 하나님과 이스라엘의 관계를 더욱 확고하게 만들고 있다.
- 역사적 사실을 회고하면서 하나님과 이스라엘과의 관계가 역사적, 언약적 배경을 두고 있음을 설명해 준다.
- 하나님의 언약의 말씀에 순종하면 축복을, 불순종하면 징벌과 심판을 받는다.
- 레위인, 나그네, 과부, 고아에게까지 관심을 두고 보살펴야 한다는 기본적인 인권의 보호를 강조하고 있다.
- 쉐마(신 6:4-5)를 비롯한 하나님에 대한 강조로 인해 본서는 신약에서 자주 인용된다(참조. 미 23:37; 막 12:30; 눅 10:27).

내·용·분·해

대분류	소분류	주요 내용
1. 모세의 첫 번째 설교 (회상, 1:1-4:43)	(1) 광야 여정의 회고 (1:1-4:43)	① 40년 광야 생활 회고 ② 모세의 권면 Ⅰ
2. 모세의 두 번째 설교 (율법, 4:44-28:68)	(1) 야훼를 경외하는 법 (4:44-11:32)	① 십계명과 쉐마 ② 교육내용 ③ 모세의 권면 Ⅱ
	(2) 신명기 법전 (12:1-26:19)	① 예배에 대한 법 ② 십일조 ③ 약자 보호법 ④ 3대 절기 ⑤ 재판에 대한 법 ⑥ 각종 사회법
	(3) 세겜 언약(축복과 저주, 27:1-28:68)	① 축복문 ② 저주문
3. 모세의 세 번째 설교 (언약 갱신, 29:1-34:12)	(1) 새로운 언약 (29:1-34:12)	① 새로운 언약 ② 모세의 고별사 ③ 모세의 축복과 죽음

내·용·연·구

1. 모세의 첫 번째 설교(회상, 1:1-4:43)

"그런즉 너는 오늘 내가 네게 명하는 명령과 규례와 법도를 지켜 행할지니라"(신 7:11)

(1) 광야 여정의 회고(1:1-4:43)

① 40년 광야 생활 회고(1:6-3:29)

- 시내산에서 부터 가데스의 여정(1장)과, 가데스에서 헤스본의 여정(2장)을 회고하는 부분으로 모세는 이스라엘의 순종과 불순종의 삶에 대한 결과를 알려주고 있다.
- 헤스본 왕 시혼, 바산 왕 옥의 영토를 차지한 르우벤, 갓, 므낫세 반지파에게 모세는 요단 서편 땅 정복을 위해 이스라엘 자손의 선봉이 될 것을 권면했다(3:18).

② 모세의 권면 I (4:1-43)

- 모세는 과거의 일을 회상하면서 하나님이 주신 말씀을 가감(加減)하지 말고 순종할 것을 권면하였다(4:1-8).
- 광야 생활 중에 겪은 것들을 지켜 행할 뿐만 아니라 자녀들에게 가르쳐 지키며 우상을 만들어 섬기지 말라고 경고하고 있다(4:9-14).

2. 모세의 두 번째 설교(율법, 4:44-28:68)

(1) 야훼를 경외하는 법(4:44-11:32)

① 십계명과 쉐마(4:44-6:9)

- 시내산에서 주어진 십계명과 언약서에 대해 다시 그 율법의 의미를 반복적으로 부각시키며(5:6-21), 그 율법대로의 준행을 철저히 요구하고 있다.
- 하나님의 뜻을 보여준 십계명은 하나님을 사랑하고(제 1-4계명), 사람을 사랑하라(제 5-10계명)는 주제의 내용으로 하나님께서 이스라엘 백성들에게 직접 주신 것이다.
- 유대인의 기본적인 신앙고백이 되는 '쉐마' (들으라 이스라엘아, 신 6:4-9)의 말씀은 오늘날까지도 유대인이 아침저녁으로 암송되어지고 있다. 예수님도 쉐마의 내용을 모든 계명 중에 으뜸으로 인정하시며(마 22:37-38) '하나님 사랑' 이 율법 준수의 근본적인 동기와 목적이 되어야 함을 가르치셨다(요 14:15).

〈신명기와 출애굽기 십계명의 차이점〉

		신명기(5:6-21)	출애굽기(20:1-17)
4계명	명령	(안식일을) 지켜라!	(안식일을) 기억하라!
	근거	애굽 땅에서 구출해 주신 것 기념	창조 후 쉬시면서 그 날을 복되게
	의미	안식일은 일주일마다 이루어지는 출애굽 : 자유를 얻은 날	안식일은 일주일마다 이루어지는 창조의 축복을 누리는 날

		신명기(5:6–21)	출애굽기(20:1–17)
5계명	혜택	생명이 길고 복을 누리리라	생명이 길리라
10계명	순서	이웃의 아내 → 집 → 밭 → 남종 → 여종 → 소, 나귀 → 소유	이웃 아내 → 남종 → 여종 → 소, 나귀 → 소유
	의미	아내는 한 집안의 소유, 재산 아님 → 아내의 인격이 회복됨	

② **교육내용**(6:10-9:29)

- 애굽 땅에서 종 되었던 이스라엘 백성들을 인도하여 내신 야훼를 잊지 말라는 것(6:10-19)과 애굽에서 구원하신 일들을 자녀들에게 가르치라고 교훈하고 있다(6:20-25).
- 오직 야훼 하나님의 법도를 철저히 지킬 때에만 하나님의 복이 약속되어 있음을 가르쳐준다(7:1-26).
- 하나님께서는 광야의 길을 통해 이스라엘을 겸손하게 하시고, 기적을 통해 먹이시고 입히셨으며, 징계를 통해 옳은 길로 인도하셨다(8:1-10).
- 모세는 자신의 중보기도를 상기시키며, 가나안 땅을 차지하게 된 것은 오직 하나님의 은혜로우신 섭리와 능력 때문이었음을 밝히고 있다(9:1-29).

	계명을 순종하는 자가 받는 삼중축복
영혼이 잘됨	하나님의 사랑과 은혜를 받음(7:12)
범사가 잘됨	자손의 번성(7:13), 물질적 풍요(7:13-14)
강건하게 됨	건강(7:15)

모세의 설교 주제
- 뒤를 돌아보라(과거 1-4장)
- 위를 쳐다 보라 (현재 5-26장)
- 앞을 바라보라 (미래 27-30장)

③ 모세의 권면 II(10:1-11:32)

- 모세는 언약의 두 돌판을 주신 사건을 회상하며 하나님께서 이스라엘 백성들의 불순종에도 불구하고 어떻게 사랑하셨는가를 설명한다(10:1-11).
- 하나님께서는 이스라엘 백성들에게 하나님을 경외하고 그의 모든 도를 행하며, 하나님을 사랑하고 섬기며 그의 규례를 지킬 것을 요구하신다(10:12-22).
- 모세는 출애굽과 광야 생활 가운데 나타난 하나님의 권능을 상기시키며(11:1-7) 순종과 불순종에 따른 축복과 저주를 대조시켜 그 결과에 대해 강조한다(11:8-32).

(2) 신명기 법전(12:1-26:19)

① 예배에 대한 법(12:1-14:21)

- 성소 제사에 대한 법(12:1-32)

하나님께서는 이스라엘 백성에게 가나안 땅을 들어간 후 제일 먼저 우상들을 파괴하고 그 이름조차도 부르지 말며, 하나님께서 택하신 유일한 성소에서 진정한 예배와 종교의식을 지키도록 하신다.

- 배교자들에 대한 법(13:1-18)

하나님께서는 거짓선지자나 꿈꾸는 자가 이적과 기사를 행하며 야훼 이외에 다른 신을 믿도록 유혹할 때 죽이라고 명령하신다. 더불어 우상숭배에 대한 유혹이 가족이나 친족, 친구에 의해서 있을 때에도 그들을 따르지 말고 근절하라고 요구하신다.

- 정한 짐승과 부정한 짐승에 대한 법(14:1-21)

하나님은 이스라엘 백성의 삶 속에서 인간의 가장 기본적인 식생활에서조차 성별하여 철저히 순종하여 하나님 중심으로 살기를 원하신다.

② **십일조**(14:22-29)

- 레위기와 민수기(레 27:30-33; 민 18:21-23)에서는 십일조는 레위인에게 드려져야 했다. 그러나 신명기에서는 중앙 성소에서 멀리 떨어져 있는 사람들은 십일조를 돈으로 바꾸어 가서, 그곳에서 곡식이나 짐승을 사서 하나님께 드릴 수 있음을 명시하고 있다(14:24-26).
- 삼년 마다 드리는 십일조는 중앙 성소로 가져가는 것이 아니라 집에 두었다가 레위인들과 가난한 자, 객, 고아, 과부들을 위해 사용하라고 규정한다(14:28-29).

③ **사회약자 보호법**(15:1-18)

- 면제년은 7년을 주기로 하여 그 마지막 해는 야훼 하나

신명기 법전(신 12:1-26:19)
출애굽기의 언약서(출 20:22-23:19)보다 더욱 상세하게 종교적, 정치적, 사회적 차원의 여러 율법 규정들을 언급하며 이스라엘 백성으로 하여금 야훼 하나님과 언약을 맺은 백성으로 삶의 전 영역에서 순종과 성결해야 함을 요구한다.

님의 면제년이 되었다.

• 면제년의 바탕에는 '이웃 사랑' 에 대한 정신이 있다. 면제년에는 모든 속박을 풀어 형제의 빚 면제와 히브리 종들의 자유방면이 이루어진다(15:12-18).

④ **3대 절기**(16:1-17)

• 이스라엘의 모든 남자는 해마다 성소에서 무교절, 칠칠절, 초막절을 드려야 한다(신 16:16; 참조. 출 23:14-19).

• 이 절기는 애굽의 속박으로부터 해방의 감격과 하나님이 내려 주시는 풍성한 수확의 축복을 이웃과 함께 감사하는 축제이다(신 6:11; 16:11).

가나안 땅에서 행해야 할 일
- 가나안 족속을 멸함
- 가나안의 우상숭배 추방
- 가나안 땅 분배
- 야훼의 말씀을 준행
- 각종 절기를 지킴
- 자녀에 대한 신앙교육

⑤ **재판에 대한 법**(16:18-18:22)

• 이스라엘은 각 성에서 지파를 따라 재판장과 지도자를 두었으며 재판의 기본 원칙은 뇌물을 받지 않고 공의만을 좇으며 판결은 공정하게 이루어져야 한다는 것이다(17:6).

• 왕은 형제 중에서 하나님의 택하신 자 중에서 선발되도록 했다(17:15). 왕에게는 말을 많이 가지지 말 것, 아내를 많이 두지 말 것, 자기를 위해 은금을 많이 쌓아 두지 말 것과 율법 책을 늘 곁에 두고 읽을 것이 요구되었다(17:16-20).

⑥ **각종 사회법**(19:1-26:19)

• 도피성 제도(19:1-13)

생명의 존중을 바탕으로 우발적으로 살인한 자를 위한 도피성(19:3-5)을 두었는데, 요단 동편(골란, 라못, 베셀)과 서편(게데스, 세겜, 헤브론)에 각각 3개씩 두었다.

- 전쟁법(20:1-20)

  첫째, 하나님이 함께 하시니 전쟁을 두려워 말라(20:3-4). 둘째, 병역 면제자들을 돌려보내라(20:5-8). 셋째, 군대의 장관들을 세우라(20:9)는 규정이다.

- 첫 곡식 봉헌, 십일조(26:1-19)

  이스라엘 백성은 가나안에 정착하여 첫 열매를 하나님께 드리는 규례(26:1-11)와 이웃 사랑에 관해 레위인, 객, 고아, 과부를 위해 매 3년마다 드려지는 십일조에 대한 규례를 준수해야만 했다(26:12-15).

성 경	십계명	내 용
12:1	제목	
12:2–28	제1계명의 해설	하나님을 섬기는 장소
12:29–13:18	제2계명의 해설	다른 신을 섬기자는 자들을 제하라
14:1–21	제3계명의 해설	하나님의 이름을 위하여
14:22–16:17	제4계명의 해설	안식일과 절기, 절기력
16:18–18:22	제5계명의 해설	권위 있는 자들
19:1–22:8	제6계명의 해설	죽임과 죽음에 대하여
22:9–23:18	제7계명의 해설	성과 간통에 대하여
23:19–24:7	제8계명의 해설	부와 재산에 대하여
24:8–25:4	제9계명의 해설	보호받아야 할 자와 처형되어야 할 자
25:5–19	제10계명의 해설	형제의 아내, 이웃의 아내
26:1–15		신앙고백과 선언

(3) 세겜 언약(축복과 저주, 27:1-28:68)

〈세겜 언약의 체결 과정〉

성경	순서	의미
27:2-3	율법의 모든 말씀 돌비석에 새김	언약의 백성 이스라엘이 약속의 땅에서 하나님의 말씀으로 살아야 함을 가르침
27:4	그 돌들을 에발 산에 세움	저주의 표상인 에발 산(11:29; 27:13)에 세운 것은 율법 아래있는 자는 여전히 저주 아래 있음을 상징(갈 3:10)
27:5-6	다듬지 않은 돌로 돌단을 쌓음	철기는 살상 무기이므로 생명을 구원 하는 제단에 사용 못 함 외모를 꾸미지 말고 신령과 진정으로 예배(요 4:23)
27:7	번제와 화목제를 드림	예배는 하나님 말씀을 떠나서는 안 됨(롬 12:1-2)
27:14-15	· 유다 포함 6지파(그리심 산), 르우벤 포함 6지파(에발 산) · 레위 지파가 계곡 중앙에서 저주, 축복선포, 백성들은 이에 응답하여 아멘 · 에발 산에서 선포된 열두 저주문은 십계명과 관계됨	

① **축복문**(28:1-14)

- 야훼 하나님의 말씀을 듣고 지켜 행하면 모든 영역에 축복이 임할 것이라고 말씀하고 있다(28:1).
- 이 축복은 성읍, 자손의 번성, 토지의 풍성한 소출, 삶의 필요한 양식이 임할 것과 세계 모든 민족 위에 뛰어나게 하실 것이라는 약속이다(28:3-14).

② **저주문**(28:15-68)

- 야훼 하나님의 말씀을 순종하지 아니하고 명령과 규례를 지키지 아니하면 저주가 임할 것이라고 말씀하고 있다(28:15).
- 불순종하면 전쟁에서의 패배와 비참한 죽음의 재앙이

임할 것이며 그것이 자손들에게 표징과 훈계가 될 것이라고 말씀하고 있다(28:23-68).

축 복	구분	저 주
· 순종하는 자(28:3) · 자녀들(28:4) · 육축과 토지소산(28:4–5) · 가정과 일터(28:6)	개인	· 질병(28:20–21,27–28,35) · 경제적 재앙(28:21,24)
· 전쟁에서 승리(28:7) · 물질 부요(28:11–12) · 머리가 됨(28:13)	국가	· 전쟁에서 패배(28:25–26,29,32–33,41,43–44) · 포로(28:36–37,41,68) · 물질재앙과 질병(28:38–67)

3. 모세의 세 번째 설교(언약 갱신, 29:1-34:12)

(1) 새로운 언약(29:1-34:12)

① 새로운 언약

- 모세는 모압 땅에서 이스라엘 백성의 과거를 회고하며 호렙에서의 언약을 새롭게 갱신하며 하나님의 언약을 지켜 행하라고 말한다(29:1-9).
- 먼 훗날 이스라엘이 포로로 끌려갔을 경우에도 마음과 뜻을 다하고 성품을 다하여 하나님의 말씀에 순종하면 다시 본토에 돌아오게 하실 것을 약속하신다(30:2).

하나님을 사랑하는 성도의 자세(신 30:6)
- 마음을 다하여
- 성품을 다하여
- 목숨을 다하여
- 뜻을 다하여

② 모세의 고별사(31:1-32:52)

- 모세는 자신의 죽음이 다가왔음 알고 이스라엘 백성들

에게 담대히 가나안을 차지하라고 당부하며, 여호수아를 그들의 지도자로 임명한다(31:7-8).

- 모세는 이스라엘 백성에게 하나님의 위엄과 의로우심, 이스라엘을 돌보신 은혜, 하나님에 대한 이스라엘의 배신과 하나님의 진노, 하나님의 긍휼과 자비하심을 노래한다(32:1-43).

③ 모세의 축복과 죽음(33:1-34:12)

- 모세는 죽음을 앞두고 출애굽 이후로부터 늘 함께 하신 야훼 하나님의 크신 권능을 나타내고 이스라엘 지파들을 위하여 축복한다(33:1-25).
- 모세는 모압 땅에서 120세에 죽음을 맞았고 매장되었다(34:6-7).

신명기의 적용과 실천

우리는 어떻게 야훼 하나님을 사랑하고 어떻게 그분의 말씀을 지켜 행해야 합니까(6:5-9)?

우리의 자녀 교육을 어디에 중점을 두고 있습니까? 하나님의 말씀에 근거하여 가르치고 있습니까(21:18-23)?

모세는 하나님의 규례와 법도를 일러주기 전에, 먼저 하나님의 사랑을 강조하였습니다. 이유는 하나님에 대한 사랑이 결여된 사람 없는 모든 규례와 법도는 율법주의로 우리의 인생에 아무런 유익을 주지 못하기 때문입니다. 따라서 먼저 하나님을 진정으로 사랑할 때 하나님의 말씀은 생명의 길이 되어집니다.

신명기(1~34장) 읽기

주일	월	화	수	목	금	토
1:1-4:43	4:44-11:32	12:1-18:22	19:1-22:30	23:1-26:19	27:1-30:20	31:1-34:12

여호수아

"강하고 담대하라 너는 내가 그들의 조상에게 맹세하여 그들에게 주리라 한 땅을 이 백성에게 차지하게 하리라" (수 1:6)

기록목적 하나님께서 자신이 통치하시는 이스라엘 백성을 광야로부터 약속의 땅으로 어떻게 인도하셨는가를 보여주고, 또한 이스라엘 백성이 가나안 땅을 차지한 후 그것이 어떻게 분배되고 그 정착 과정은 어떠했는가를 보여주고자 기록되었다.

저　　자 여호수아

특　　징
- 출애굽의 목적인 하나님의 가나안 땅 약속이 성취되는 과정을 보여준다.
- 기적적인 도우심을 통한 전쟁에서의 승리로 인해 약속에 대한 하나님의 신실성이 입증된다.
- 약속의 땅에서의 안식과 축복을 위해 능력과 은혜의 하나님 야훼만을 섬기라고 권고한다.

내·용·분·해

대분류	소분류	주요 내용
1. 가나안 정복 (1:1–12:24)	(1) 가나안 정복 준비 (1:1–5:15)	① 모세의 후계자 여호수아 ② 가나안 진입 준비 ③ 요단강 도하 ④ 이스라엘의 영적준비 ⑤ 하나님의 군대장관의 나타남
	(2) 가나안의 정복 (6:1–12:24)	① 가나안 중부 정복 ② 가나안 남부 정복 ③ 가나안 북부 정복 ④ 정복 사업 요약
2. 땅의 분배 (13:1–22:34)	(1) 요단 동편 지역 정착 (13:1–33)	① 하나님의 지시 ② 요단 동편의 땅 ③ 요단 동편의 땅 분배
	(2) 가나안 정착 (14:1–19:51)	① 길갈에서 이뤄진 첫 번째 분배 ② 실로에서 이뤄진 두 번째 분배
	(3) 도피성(20:1–42)	① 6개의 도피성
	(4) 레위 지파 성읍들과 이스라엘 정착의 완료(21:1–45)	① 레위 지파 성읍들 ② 이스라엘 정착의 완료
	(5) 요단 동편 지파들의 귀환(22:1–34)	① 요단 동편 지파들에 대한 훈계 ② 증거의 단과 관련된 사건
3. 여호수아의 마지막 활동 (23:1–24:33)	(1) 여호수아의 고별연설 (23:1–16)	① 여호수아의 유언
	(2) 세겜에서의 언약체결 (24:1–33)	① 세겜 회의 ② 여호수아의 죽음과 요셉의 뼈 매장

내·용·연·구

1. 가나안 정복(1:1-12:24)

(1) 가나안 정복 준비(1:1-5:15)

① 모세의 후계자 여호수아(1:1-9)

- 모세가 죽은 후에 여호수아가 이스라엘의 새로운 지도자로 세움을 받아 가나안 땅을 정복하라는 명령을 받는다(1:1-5).
- 하나님께서는 여호수아에게 동반을 약속하시며(1:5,9) 담대함과 율법 즉 하나님의 말씀을 묵상하고 그것에 순종하는 것이 미래의 성공의 열쇠임을 말씀하신다(1:7-8).

② 가나안 진입 준비(1:10-18)

- 여호수아는 이스라엘 백성에게 양식의 준비를 포함해서 요단 서편 지역으로의 진입을 준비시킨다.
- 가나안 정복은 요단강 동편 지파를 포함한 이스라엘 12지파 전체의 연합작전에 의해 이루어진다.

③ 요단강 도하(2:1-5:1)

- 여호수아는 여리고를 점령하기 위해 싯딤에서 두 명의 정탐꾼을 여리고로 파송한다(2:1-24). 이들은 여리고의 기생 라합의 믿음의 행위와 지혜로 무사히 정찰 임무를 마친다(참조. 히 11:31; 약 2:25).

"야훼께서 그의 종 모세에게 명령하신 것을 모세는 여호수아에게 명령하였고 여호수아는 그대로 행하여 야훼께서 모세에게 명하신 모든 것을 하나도 행하지 아니한 것이 없었더라"(수 11:15)

라합의 믿음(수 2:8-14)
듣고 깨닫는 믿음(2:9)
기도하는 믿음(2:12-13)

싯딤(수 2:1)
여리고 성이 바라다 보이는 요단 동편 계곡에 위치

세 번의 유월절 거행
1. 출애굽 직전(출 12:3-38)
2. 시내 광야(민 9:1-5)
3. 여리고 평지(수 5:10)

- 이스라엘 백성들은 하나님의 임재를 상징하는 언약궤를 앞세우고 요단강을 기적을 통해 건너고(3:15-17), 요단강에서 취한 열두 개의 돌로 기념비를 만든다(4:9).

④ 이스라엘의 영적 준비(5:2-12)

- 이스라엘 사람들은 약속의 땅을 차지하기 전에 하나님의 신실한 언약과 구속의 은혜를 상기시키는 할례(5:2-9)와 유월절(5:10)을 거행한다.

⑤ 하나님의 군대장관의 나타남(5:13-15)

- 여호수아는 가나안 정복을 앞두고 야훼의 천사를 만나게 된다. 이 사건은 가나안 정복이 인간의 힘에 달린 것이 아니라 야훼께서 친히 용사가 되셔서 싸워주실 것임을 보여준다.

(2) 가나안 정복(6:1-12:24)

① 가나안 중부 정복(6:1-8:35)

- 요단 서편 정복 전쟁의 서전(緖戰)인 여리고성 정복에 있어서 여호수아는 하나님의 지시에 따라 제사장들은 법궤를 메고 나팔을 불며 앞장서도록 하고 백성은 그 뒤를 따라 6일간 매일 한 번씩 여리고 성 주위를 돌도록 명령한다(6:8-11).
- 제7일째는 7번을 돈 뒤 나팔소리에 맞추어 백성이 일제히 함성을 지르자 여리고 성이 무너지고 그 성과 주민들

그리고 그 안에 있는 모든 것이 파괴된다(6:15-21).

- 여리고 성에서 오직 라합과 그 가족만 라합의 믿음을 통해서 살아남았고, 이후 이스라엘 민족에 포함된다(6:17,25).
- 아이 성의 1차 공격에서 야훼께 '온전히 바친 물건'을 도둑질한 아간의 죄(7:1)와 여리고성 전투로 인한 이스라엘 백성들의 교만(7:3)으로 인해 이스라엘은 처음으로 군사적인 실패를 경험하게 된다(7:4-5).
- 아간의 죄는 밝혀지고 죄의 문제가 해결된 후에야 비로소 하나님이 함께 하심으로 아이 성에 대한 2차 공격이 성공을 거두게 된다(8:21-29).
- 요단을 건너면 단을 쌓으라는 하나님의 지시(신 11:29-30; 27:2-8,11-14)에 따라 이스라엘 백성들은 에발 산과 그리심 산에서 축복과 저주를 동반한 언약 갱신 의식을 거행한다(수 8:30-35).

② 가나안 남부 정복(9:1-10:43)

- 기브온 족속은 이스라엘을 대항하지 않고 먼 곳에서 온 사람들인 것처럼 위장하는 술책을 써서 이스라엘과 불가침의 조약을 맺는다(9:3-13).
- 이스라엘은 야훼께 묻지 않고 기브온과 조약을 맺는 실수를 저질렀고(9:14-15), 이 후 기브온 족속은 조약이 이미 체결되었기 때문에 이스라엘의 종이 되었다(9:26-27).

기브온(수 9:3)
본래 그비라, 브에롯, 기랏여라림과 함께 히위 족속의 성읍으로(9:17) 다른 세 성읍에 비해 매우 강성했을 뿐만 아니라 왕도(王都)와 같은 큰 성읍이었다(10:2).

• 기브온의 항복에 격분한 가나안 남부 다섯 왕이 동맹을 맺고 먼저 기브온을 공격한다(10:1-5). 이스라엘 백성은 우박과 태양의 정지 등의 하나님의 도움으로(10:12-14) 가나안 남부 동맹군을 격퇴한다(10:10-27).

③ **가나안 북부 정복**(11:1-15)

• 북부 가나안의 왕들은 동맹을 맺고 이스라엘에 대항한다. 그 핵심 지도자는 하솔 왕 야빈이었다(11:1-5).
• 여호수아는 북부 왕들을 전투에서 섬멸하고 그 도읍들을 점령하며 거주민들을 도륙하여 승리를 거두었다(11:6-15).

〈요단 서편 지역의 남 · 북부 정복 전쟁도〉

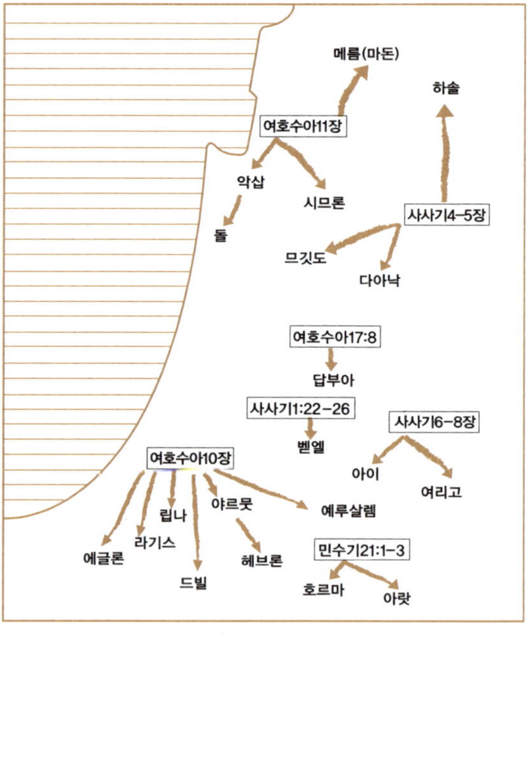

④ **정복 사업 요약**(11:16-12:24)

- 여호수아가 거둔 승리에 대한 요약이 제시된다(11:16-23).
- 요단강 동편 지역을 포함한 점령된 지역과 요단 동편과 서편에서 정복한 왕들의 명단이 나열되고 있는데 이는 가나안 정복이 오직 하나님의 도우심을 통해 이루어진 것임을 보여주는 것이다.

2. 땅의 분배(13:1-22:34)

(1) 요단 동편 지역 정착(13:1-33)

① **하나님의 지시**(13:1-6)

- 땅 분배는 요단 서편과 요단 동편에 아직 정복해야 하는 가나안 땅의 지경에 관한 하나님의 말씀으로 시작된다.
- 정복한 땅에 대한 언급은 하나님께서 이스라엘 백성을 도와 그 땅을 정복하게 하실 것과 더불어 이스라엘 지파들도 이 땅을 점령하기 위해 적극적인 조치를 취해야 함을 암시한다.

② **요단 동편의 땅**(13:7-14)

- 이미 모세의 지시에 따라 요단 동편 땅을 기업으로 분배받은 르우벤, 갓, 므낫세 반 지파의 영역이 설명된다.

③ 요단 동편의 땅 분배(13:15-33)

- 요단 동편 지파들의 경계가 설명되며 레위 지파는 땅 대신에 하나님을 기업으로 받았다(13:14,33; 14:3-4).

(2) 요단 서편 지역 정착(14:1-19:51)

① 길갈에서 이뤄진 첫 번째 땅 분배(14:1-17:58)

- 요단 서편 땅을 분배함(14:1-5)에 있어서 하나님의 뜻대로 땅을 주신다는 믿음에 입각한 행위로 채택된 방식은 제비 뽑기였다.
- 갈렙(14:6-15; 참조. 신 1:36)을 포함한 유다 지파의 기업분배(14:6-15:63)가 이루어진 후 슬로브핫의 딸들의 일화(17:4-5)를 포함한 에브라임 지파와 므낫세 지파의 기업분배가 이루어진다(16:1-17:18).

② 실로에서 이뤄진 두 번째 땅 분배(18:1-19:51)

- 여호수아는 길갈에서 떠나 온 이스라엘을 실로로 모이게 하고 그곳에 회막을 세웠다(참조. 신 12:11).
- 땅 분배는 여기에서 하나님이 임재하시는 예배의 행위로 나타난다(18:1). 이곳에서 여호수아는 남은 7지파의 기업을 분배한다.

갈렙의 신앙

- 성실함(14:7)
- 하나님을 온전히 좇음(14:8,14)
- 영적으로 강건함(14:11-12)
- 노년에도 정복사업 행함(15:13-14)

실로에서 이루어진 지파의 기업분배

- 베냐민 지파(18:11-28)
- 시므온 지파(19:1-9)
- 스불론 지파(19:10-16)
- 잇사갈 지파(19:17-23)
- 아셀 지파(19:24-31)
- 납달리 지파(19:32-39)
- 단 지파(19:40-48)

〈각 지파의 토지분배〉

(3) 도피성(20:1-9)

① 6개의 도피성(20:1-9)

- 부지중에 살인한 자가 피의 복수를 면하고 충분한 변호의 기회를 주기 위한 6개의 도피성이 지정되고 있다(참조. 민 35:9-34; 신 19:1-3).

〈도피성의 위치〉

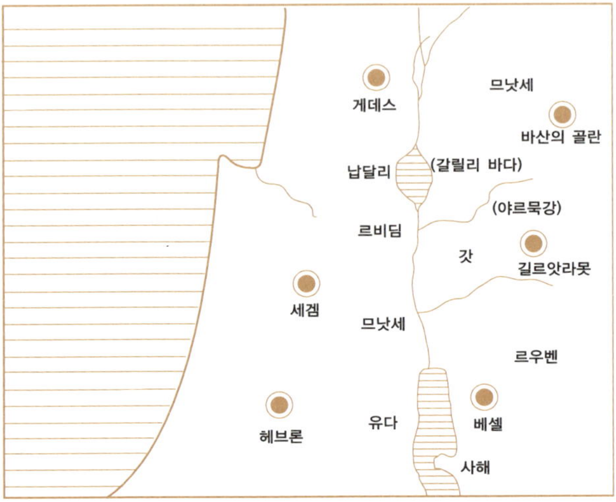

(4) 레위 지파 성읍들과 이스라엘 정착의 완료(21:1-45)

① 레위 지파 성읍들(21:1-42)

- 레위 지파는 땅 분배를 받지 못하고 그들이 거주할 수 있는 성읍을 분배받는다.
- 제사장과 레위인을 위한 48개의 성읍(참조. 민 35:1-8)이 할당되었다.

② 이스라엘 정착의 완료(21:43-45)

- 야훼께서는 이스라엘로 하여금 모든 대적들을 이기게 하시고 약속하신 그 땅에 정착하게 하심으로 약속하신 말씀을 지키셨다. 이로써 이스라엘 백성은 안식을 누리게 되었다.

(5) 요단 동편 지파들의 귀환(22:1-34)

① 요단 동편 지파들에 대한 훈계(22:1-6)

- 여호수아는 르우벤과 갓, 므낫세 반 지파에게 계속해서 야훼께 충성할 것을 명령하고, 그들을 축복하고 돌려보낸다.

② 증거의 단과 관련된 사건(22:7-34)

- 돌아가던 요단 동편 지파들은 자신들이 야훼께 예배할 자격이 있는 이스라엘의 일부임을 증거 하는 단을 요단 언덕에 쌓았다(22:10).
- 요단 서편 지파들이 이 단을 다른 신들에게 제사를 드리기 위한 단으로 오해하여 동족 간에 전쟁이 있을 뻔했으나(22:10-12) 제사장 비느하스의 조사 결과 오해가 풀린다(22:13-34).

3. 여호수아의 마지막 활동(23:1-24:33)

(1) 여호수아의 고별 연설(23:1-16)

① 여호수아의 유언(23:1-16)

- 자신의 죽음이 가까움을 안 여호수아는 집회를 열어 이스라엘 지도자들에게 야훼께 충성할 것을 권면한다.
- 이스라엘이 야훼께 충성할 때 그분은 이스라엘을 위해

싸우시고 이스라엘의 적들을 쫓아내시지만, 하나님을 배반할 때에는 심판과 저주가 뒤따를 것임을 경고한다.

(2) 세겜에서의 언약체결(24:1-33)

① 세겜 회의(24:1-28)

- 여호수아는 세겜에서 이스라엘 민족의 지나간 모든 역사 속에 하나님께서 보이신 선택과 구원의 섭리를 회상시키면서 야훼 하나님만을 섬기도록 권고한다(24:2,14-16,19-28).
- 여호수아는 이스라엘 백성이 야훼께 충성과 헌신을 다짐하는 언약을 맺도록 하고 그것을 돌판에 기록하여 큰 돌로 기념비를 세운다(24:16-28).

세겜(수 24:1)
여호수아가 가나안에 이르러 축복과 저주를 선포한 그리심 산과 에발 산 사이 골짜기에 있는 성읍(8:30-33)

② 여호수아의 죽음과 요셉의 뼈 매장(24:29-33)

- 여호수아는 110세로 그 생애를 마치고 자신이 유업으로 받은 땅에서 안식을 누린다.
- 이스라엘 자손은 애굽에서 이끌어 낸 요셉의 뼈를 세겜에 장사한다(24:32). 그 무덤은 하나님께서 이스라엘의 선조들에게 땅을 주시겠다고 약속하신 바가 성취되었다는 표시가 되고, 이로써 출애굽의 여정이 마무리 된다(창 50:25).

여호수아의 적용과 실천

- 라합의 믿음의 행동은 가족을 죽음에서 면하게 했습니다. 자신의 가족을 위해 기도하고 믿음의 행동을 보이고 있습니까(2:17-21)?

- 여호수아는 하나님께 묻지 않고 기브온 족속과 동맹을 맺는 실수를 범합니다. 당신은 삶의 문제들에 관해 하나님께 먼저 묻고 있습니까(9:3-15)?

여호수아는 이스라엘 백성들에게 위대한 지도자요, 또한 하나님의 종으로 순종한 인물입니다. 우리는 하나님의 백성으로서 일생을 여호수아처럼 순종과 헌신의 삶을 살므로 하나님의 계획을 이루어드리는 일꾼이 되어야 합니다.

여호수아(1~24장) 읽기

주일	월	화	수	목	금	토
1:1-4:24	5:1-8:35	9:1-11:23	12:1-14:15	15:1-18:28	19:1-21:45	22:1-24:33

사사기

"그 때에 이스라엘에 왕이 없으므로 사람이 각기 자기의 소견에 옳은 대로 행하였더라" (삿 21:25)

기록목적 약속된 땅에서 계속되는 이스라엘의 불신앙과 배역에도 불구하고 그들의 고난으로 인한 기도에 침묵하지 않으시고 사사들을 세워 이스라엘 백성을 구원하시는 언약에 신실하신 하나님의 모습을 보여주고, 또한 하나님께서 사사시대의 혼란을 극복할 왕정으로 인도하시는 역사의 주관자임을 보여주기 위해 기록되었다.

저　　자 탈무드에 따르면 사무엘이라고 한다.

특　　징
- 이스라엘을 하나로 묶는 구심점의 역할을 하는 왕이 없으므로 각자가 자신의 소견대로 행하여 정치적, 종교적으로 매우 혼란한 시대였음을 보여준다.
- 유목생활에서 농경생활로의 변화를 경험하자 이스라엘은 가나안 땅의 신들을 숭배하게 되었고 가나안의 이방 족속들과도 혼인하게 되어 하나님으로부터 멀어지게 된다.
- 이스라엘은 범죄-징계-회개-구원이 계속 순환되는 역사를 되풀이한다.
- 불순종과 패역을 일삼은 이스라엘 백성을 오래 참으시고 거듭 용서하시고, 시대마다 사사들을 세워 구원하시는 하나님의 사랑이 극명하게 나타난다.

내·용·분·해

대분류	소분류	주요 내용
1. 사사시대의 일반적 특징 (1:1–3:6)	(1) 이스라엘의 가나안 정복 실패(1:1–36)	① 유다와 시므온의 성공과 실패 ② 다른 지파들의 실패
	(2) 사사시대의 특징 : 영적 타락과 심판 (2:1–3:6)	① 이스라엘의 배교와 하나님의 반응 ② 이방 민족들이 그 땅에 남겨진 이유
2. 이스라엘의 구원자인 사사들 (3:7–16:31)	(1) 옷니엘, 에훗, 삼갈 (3:7–31)	① 옷니엘 ② 에훗 ③ 삼갈
	(2) 드보라와 바락 (4:1–5:31)	① 드보라와 바락의 승리 ② 드보라와 바락의 노래
	(3) 기드온(6:1–9:57)	① 기드온의 소명 ② 기드온의 전쟁준비 ③ 기드온의 승리 ④ 기드온의 실정 ⑤ 아비멜렉의 일화
	(4) 돌라와 야일 (10:1–5)	① 돌라 ② 야일
	(5) 입다(10:6–12:7)	① 이스라엘의 타락 ② 입다의 소명 ③ 입다의 승리 ④ 지파들 간의 전쟁
	(6) 입산, 엘론, 압돈 (12:8–15)	① 입산 ② 엘론 ③ 압돈
	(7) 삼손(13:6–16:31)	① 삼손의 출생 ② 삼손의 결혼 ③ 삼손의 활약 ④ 삼손의 최후
3. 혼란의 시대인 사사시대 (17:1–21:25)	(1) 종교적 타락 (17:1–18:31)	① 미가의 우상숭배 ② 단 지파의 우상숭배
	(2) 도덕적 타락 (19:1–21:25)	① 레위인과 그의 첩 ② 베냐민과의 전쟁

내·용·연·구

1. 사사시대의 일반적 특징(1:1-3:6)

(1) 이스라엘의 가나안 정착과 실패(1:1-36)

① 유다와 시므온의 성공과 실패(1:1-20)

- 여호수아 사후에 가나안 정복을 위해 야훼께서 유다 지파에게 싸움을 시작하라고 지시하신다(1:1-2).
- 유다 지파는 시므온 지파와 연합하여 유다 산지와 예루살렘을 정복하고, 이 과정에서 갈렙과 그 온 집안은 헤브론과 그 남쪽에 위치한 드빌을 정복한다(1:11-15).
- 유다 지파는 철병거를 가지고 있는 골짜기의 주민들을 쫓아내지는 못했다(1:19).

② 다른 지파들의 실패(1:21-36)

- 요셉 지파의 부분적인 성공을 제외하면 유다 이외의 지파들은 가나안 거민들을 쫓아내지 못하고, 분배된 땅을 차지하는 데 대부분 실패하였다.

(2) 사사시대의 특징: 영적 타락과 심판(2:1-3:6)

① 이스라엘의 배교와 하나님의 반응(2:1-10)

- 야훼의 사자는 이스라엘 백성들이 가나안 족속을 쫓아내지 못하고 그들과 언약을 맺음으로 야훼와 맺은 언약

"그 세대의 사람도 다 그 조상들에게로 돌아갔고 그 후에 일어난 다른 세대는 야훼를 알지 못하며 야훼께서 이스라엘을 위하여 행하신 일도 알지 못하였더라"(삿 2:10)

바알(삿 2:11)
동식물에게 생산과 번식의 복을 주는 다산(多產)의 신으로 여겨진 가나안의 지역 우상

이 깨어질 위기에 있으며, 하나님께서 땅을 정복하는 일을 도와주지 않으실 것이라고 선포한다(2:1-3; 참조. 출 23:32-33; 신 7:1-5; 수 23:12-16).

- 이스라엘이 하나님의 언약을 버린 것은 영적인 지도자를 상실한 새 세대의 사람들이 야훼를 알지 못하고, 그가 행하신 큰 기적도 알지 못했기 때문이었다(2:10).

② 이방 민족들이 그 땅에 남겨진 이유(2:11-3:6)

- 이스라엘 민족이 저지른 죄악의 핵심은 주위에 있는 이방 신인 바알과 아스다롯을 섬긴 것과 그들을 출애굽 시키신 야훼를 잊은 것이다.
- 2장 11절부터 23절의 내용은 사사기의 핵심적인 부분으로서, 사사시대의 이스라엘 역사 구조 즉 범죄—압제—회개—구원의 계속적인 순환의 구조를 단적으로 보여준다.
- 이스라엘이 그 땅에서 이방민족들을 쫓아내지 못한 것은 야훼 하나님께 대한 언약에 충성하지 않았기 때문이고, 남아 있던 이방민족들은 이스라엘이 야훼께 충성하는지의 여부의 시험 대상이 된다(2:20-23; 3:1-2,4).

〈불신앙의 악순환 도표〉

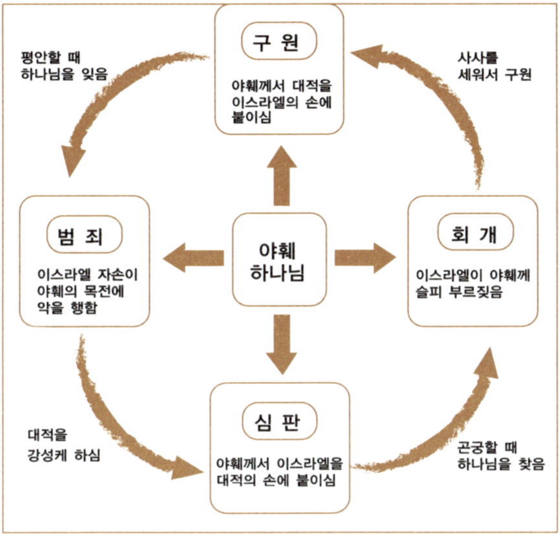

2. 이스라엘의 구원자인 사사들(3:7-16:31)

(1) 옷니엘, 에훗, 삼갈(3:7-31)

① 옷니엘(3:7-11)

- 유다 지파의 사사인 옷니엘의 시대에 이스라엘 자손이 야훼를 잊어버리고 우상을 섬긴 죄를 범하자 야훼께서는 그들을 구산 리사다임의 손에 8년간 붙이신다(3:7-8).
- 이스라엘이 회개하고 부르짖을 때 하나님께서 대적을 이스라엘의 손에 붙이셨고 40년간의 평화를 누리게 된다(3:9-11).

구산 리사다임(삿 3:8)
'구산' 이란 바벨론 왕 니므롯의 부친 '구스에 속한자' 란 뜻(창 10:8)
'리사다임' 은 '곱절이나 악하다' 는 뜻으로 형용할 수 없을 만큼 악독함을 시사함

〈이스라엘의 대사사들〉

	첫 번째 3:7-11	두 번째 3:12-30	세 번째 4:1-5:31	네 번째 6:1-8:35	다섯 번째 10:6-12:7	여섯 번째 13장-16장
구원자	옷니엘	에훗	드보라(바락)	기드온	입다	삼손
범죄	3:7	3:12	4:1	6:1	10:6	13:1
압제	3:8	3:12-18	4:2	6:1	10:7	13:1
회개	3:9	3:15	4:3	6:6-7	10:10,15	13:15
구원	3:9	3:15	4:4-6	6:12-14	11:29,33	13:5; 15:20

② **에훗**(3:12-30)

- 이스라엘은 또다시 야훼의 목전에 악을 행하였고, 이에 하나님께서는 모압을 강성케 하고 암몬, 아말렉과 합세케 하여 이스라엘을 그들의 손에 18년 동안 맡기셨다.
- 이스라엘이 회개하자 하나님께서 세우신 왼손잡이 사사 에훗은 모압 왕 에글론을 살해하고, 모압과의 전투에서 승리함으로 80년 간 태평한 세월을 가져온다.

③ **삼갈**(3:31)

- 삼갈은 소모는 막대기로 철기를 가진 블레셋 사람 6백명을 죽이는 혁혁한 공을 세워 이스라엘을 구원한다.

〈하나님이 사용하신 약한 것〉

약한 것	성구	약한 부분	사용방법
외손잡이 에훗	3:15	신체적인 약점이 있는 자	모압 왕을 살해
삼갈의 소 모는 막대기	3:31	보잘 것 없는 무기	블레셋인 600명을 죽임

약한 것	성구	약한 부분	사용방법
여선지자 드보라	4:4	연약한 여인	이스라엘의 사사로 세워 가나안을 물리침
헤벨의 아내 야엘	4:21	연약한 여인	시스라를 죽임
이스라엘 군인 4만 명	5:8	창과 칼이 없음	철병거 900승을 무찌름
기드온 보리떡 한 덩어리	6:15	약한 집안 중의 제일 작은 자	하나님이 함께 하심
기드온의 300용사	7:13,22	항아리를 든 나팔대	칼든 자 십팔만 오천을 무찌름
기생의 아들 입다	11:1,33	보잘 것 없는 출생	암몬 자손을 크게 도륙
삼손의 나귀의 새 턱뼈	15:14-19	보잘 것 없는 무기	블레셋인 1천명을 죽임

(2) 드보라와 바락(4:1-5:31)

① 드보라와 바락의 승리(4:1-24)

- 이스라엘은 죄를 더하여 가나안 왕 야빈에게 팔렸으나, 최악의 상황에서 부르짖는 이스라엘을 하나님께서는 여사사 드보라와 장군 바락을 통해 이스라엘을 구원하셨다(4:4-7).
- 이스라엘은 다볼 산에 진을 쳤으나 하나님께서는 폭우를 내려 막강한 무기인 철병거를 꼼짝 못하게 하심으로 친히 대적들을 진멸하셨다(4:15; 5:21; 참조. 출 14:24-25).

② 드보라와 바락의 노래(5:1-31)

- 5장은 드보라가 지은 전승 기념시로서 구원의 하나님을 찬양함으로 지은 전승 기념시이다.

드보라의 지은 전승기념시 내용
전쟁에 참여한 지파들에 대한 칭찬
전쟁에 참여하지 않은 자에 대한 책망과 저주
야훼의 대적들의 패배
야훼를 사랑하는 자들의 번영에 대한 소망

(3) 기드온(6:1-9:57)

① 기드온의 소명(6:1-32)

- 이스라엘 자손은 죄악으로 인해 심판을 받게 된다. 미디안 사람들은 아말렉 사람들과 동방 사람들을 동반하여 이스라엘의 경제를 파탄으로 몰고 간다(6:1-5).
- 이스라엘이 궁핍함으로 회개하자 하나님께서는 이스라엘의 배교를 그들의 비참한 삶의 이유로 언급하시며(6:8-10), 기드온을 부르셔서 이스라엘을 구원하게 하신다(6:6-7,11-16).

② 기드온의 전쟁준비(6:33-40)

- 미디안의 연합군들이 쳐들어오자 하나님께서는 사사로 부름받은 기드온을 야훼의 영으로 무장시키셨다(6:34).
- 양털로써 하나님께 구원하심의 표적을 구하는 기드온에게 야훼께서는 두 번씩이나 응답하셨다(6:36-40).

③ 기드온의 승리(7:1-8:21)

- 하나님께서는 기드온을 따르는 삼만 이천의 군대 중 부적합한 자들을 돌려보내고 오직 삼백 명의 병사를 직접 선발하신다(7:1-8).
- 기드온과 삼백 용사는 칼이 아닌 횃불과 항아리와 나팔를 들고 적진 속에 들어가 자중지란 상태에 빠진 미디안 연합군에게 승리를 거둔다(7:15-25).
- 기드온은 미디안의 두 왕을 추격하여 생포한 후 처형한

기드온의 소명 과정
부르심(6:12)
동행의 약속(6:12)
기드온의 질문과 하나님의 응답(6:13-14)
기드온의 부정적인 태도(6:15)
하나님의 동행과 승리의 약속(6:16)
기드온의 표징 요구와 야훼의 사자의 불의 응답(6:17-23)
기드온의 소명 확신(6:24-32)

다(8:1-10,18-21)고 그들을 추격하던 도중에 협력하지 않은 숙곳과 브누엘 사람들을 멸절시킨다(8:4-9,13-17).

④ **기드온의 실정**(8:22-35)

- 기드온은 전쟁의 승리 후 이스라엘에게 하나님만이 이스라엘의 진정한 통치자임을 분명히 가르쳤으나, 왕과 같은 삶을 누렸다(8:29-30).
- 승전을 통해 얻은 금고리들로 에봇을 만들어 세우는데, 이것이 기드온과 그의 집의 올무가 된다.

에봇(삿 8:27)
대제사장의 제사 의복으로 가슴과 등을 가렸던 소매없는 조끼 모양의 상의(上衣)를 가리킨다

⑤ **아비멜렉의 일화**(9:1-57)

- 기드온이 죽은 후, 기드온의 첩의 아들 아비멜렉(8:31)이 세겜 족속과 결탁하여 기드온의 70아들을 살해하고 스스로 지도자가 되었다(9:1-6).
- 기드온의 아들 중 유일하게 생존한 요담의 저주(9:7-21)대로 아비멜렉은 세겜을 불로 살랐고, 결국 비참한 최후를 맞게 된다(9:56-57).

(4) 돌라와 야일(10:1-5)

① **돌라**(10:1-2)

- 잇사갈 지파 사람인 돌라는 아비멜렉의 뒤를 이어 이스라엘의 사사가 되어 이스라엘을 구원하고 이십삼 년 간 사사로 활약했고, 사밀에 장사되었다.

② **야일**(10:3-5)

- 길르앗 지파 사람인 야일이 22년 동안 이스라엘을 다스렸고, 사후에 가몬에 장사되었다.

(5) 입다(10:6-12:7)

① **이스라엘의 타락**(10:6-18)

- 이스라엘이 우상숭배하는 죄를 다시 범하자, 하나님의 징계로 인하여 블레셋과 암몬의 압제를 당한다.
- 하나님께서 이스라엘 백성에게 이전에 베푸셨던 은혜의 역사를 상기시키시자(10:11-14) 그들은 죄를 고백하고 구원을 간구한다(10:15).

② **입다의 소명**(11:1-11)

- 암몬과의 싸움으로 다급해진 길르앗 사람들은 이전에 그들이 쫓아냈던(11:1-3) 입다를 사사로 세운다(11:4-11).

③ **입다의 승리**(11:12-40)

- 암몬 왕은 요단 동편의 지역이 자신의 땅임을 주장하여 길르앗 땅을 포기할 것을 주장하였으나 길르앗 사람들이 이를 거절하자 전쟁이 발발한다(11:12-13).
- 야훼의 영으로 충만한 입다는 대승을 거둔다(11:29-33). 그러나 입다는 출전시에 드린 경솔한 서원 기도(11:30-31)로 인하여 무남독녀를 하나님께 번제로 드리게 되는 슬픔의 주인공이 된다(11:34-40).

④ **지파들 간의 전쟁**(12:1-7)

- 큰 지파인 에브라임은 모욕적인 말과 더불어(12:4) 자기들이 전쟁의 주도적인 역할을 해야 했다고 주장하며 길르앗 사람 입다에게 시비를 건다(12:1).
- 이에 길르앗 지파와 에브라임 지파의 전쟁이 벌어져 에브라임에게 42,000명이라는 엄청난 사상자가 발생하게 되는 비극적인 사건이 일어난다(12:6).

(6) 입산, 엘론, 압돈(12:8-15)

① **입산**(12:8-10)

- 입산은 성경에서 오직 여기에서만 나타나며, 그의 근거는 유다의 베들레헴이었다.

② **엘론**(12:11-12)

- 스불론 사람인 엘론이 이스라엘의 사사로서 십이 년을 통치하였다.

③ **압돈**(12:13-15)

- 압돈의 가족의 크기와 아들과 손자들이 모두 나귀를 탔다는 사실은 그의 물질적인 재산의 척도가 된다(참조. 대상 8:23; 27:14).

〈이스라엘의 소사사들〉

	돌라 10:1-2	야일 10:3-5	입산 12:8-10	엘론 12:11-12	압돈 12:13-15
계승	아비멜렉 이후(10:1)	돌라 이후 (10:3)	입다 이후 (12:8)	입산 이후 (12:11)	엘론 이후 (12:13)
출신	잇사갈(10:1)	길르앗(10:3)	베들레헴(12:8)	스불론(12:11)	비라돈(12:13)
상세정보	에브라임의 사밀에 거주 (10:1)	30명의 아들이 나귀 30을 타고, 30성읍을 소유(10:4)	30명의 아들과 30명의 딸이 있어 모두 장가와 시집을 감(12:9)	없음	40명의 아들과 30명의 손자가 70마리의 나귀를 탐(12:14)
통치기간	23년(10:2)	22년(10:3)	7년(12:9)	10년(12:11)	8년(12:14)
죽음매장	죽어서 사밀에 장사(10:2)	죽어서 가몬에 장사됨(10:5)	죽어서 베들레헴에 장사됨(12:10)	죽어서 아얄론에 장사됨(12:12)	죽어서 비라돈에 장사됨(12:15)

(7) 삼손(13:6-16:31)

① 삼손의 출생(13:1-25)

- 야훼의 사자가 잉태치 못하는 마노아와 그의 아내에게 나타나서 아들의 출생과 그가 40년간의 블레셋의 압제에서 이스라엘을 구원할 자임을 예고한 후, 그를 나실인으로 야훼께 바치게 한다(13:1-5,13-14).
- 태어난 아이는 삼손("작은 태양")은 나실인으로 성장하여 야훼의 영의 감동을 받았다(13:25).

② 삼손의 결혼(14:1-20)

- 삼손은 블레셋 사람의 손에서 이스라엘 백성을 구원하기로 작정하고 블레셋 여인을 아내로 맞이하기 위하여

딤나로 내려간다(14:4).

- 딤나 여인의 집 혼인잔치 자리에서 삼손은 죽은 사자의 시체에서 얻은 꿀에서 영감 받아 수수께끼를 냈다가 자기 아내를 빼앗기고 돌아왔다(14:10-20).

③ **삼손의 활약**(15:1-20)

- 삼손은 복수로 여우 삼백을 붙들어 블레셋 사람의 곡식밭을 불태운 후 에담 바위틈에 숨었다가, 자기를 잡으러 온 블레셋 사람 일천 명을 나귀의 새 턱뼈로 단숨에 해치웠다(참조. 13:5).

④ **삼손의 최후**(16:1-31)

- 삼손은 블레셋 여인 들릴라의 꾐에 빠져 자신의 힘의 근원에 대한 비밀을 알리고 배신당한다. 그는 머리를 밀리우고 힘을 잃은 채 결국 블레셋의 포로로 잡혀 두 눈을 잃는다(16:18-21; 참조. 13:5).
- 그의 머리털이 다시 자라기 시작함으로(16:22) 힘을 회복한 삼손은 블레셋에게 원수를 갚게 해달라는 마지막 간구와 함께 다곤 신전의 두 기둥을 무너뜨림으로써 생전에 자신이 죽인 수보다 많은 수의 블레셋 사람을 죽이고 사망한다(16:28-30).

나실인 서약을 어기는 행위(삿 14:6-9, 참조. 민 6:1-8).
삼손은 야훼의 영에 감동되어 가는 길에서 만난 사자를 죽였고, 돌아오던 길에 사자의 주검에서 꿀을 취하여 먹음

삼손의 실패
방탕한 생활
말씀(나실인 서약)의 무시

3. 혼란의 시대인 사사시대(17:1-21:25)

(1) 종교적 타락(17:1-18:31)

① 미가의 우상숭배(17:1-13)

- 가나안의 풍요제의에 물든 미가 가정의 잘못된 예배는 이스라엘의 영적 무지와 가나안 사람처럼 살아가는 모습을 보여준다(17:6,10-11).

② 단 지파의 우상숭배(18:1-31)

- 본래 배정받은 비옥한 땅에서 아모리 족속을 몰아내지 못한 단 지파(참조. 1:34-36)는 하나님의 뜻과 상관없이 미가의 집에서 제사장, 신상, 에봇, 드라빔을 약탈한다(18:14-28).
- 단 지파는 지파 전체가 미가의 우상을 숭배하게 되었고, 북왕국 멸망시에 가장 먼저 사로잡히는 지파가 되었다(18:29-31).

(2) 도덕적 타락(19:1-21:25)

① 레위인과 그의 첩(19:1-30)

- 기브아의 불량배들은 에브라임 산지에 거주하던 레위인과 남색을 요구하고, 결국 길거리로 내몰린 레위인의 첩은 밤새 강간을 당해 죽게 된다(19:22-30).
- 레위인은 복수를 위하여 첩의 시체를 토막내어 열 두 지

파에게 보내게 된다.

② **베냐민과의 전쟁**(20:1-21:25)

- 이스라엘의 열한 지파의 총회는 베냐민 지파에게 기브아의 불량배들만을 처벌하도록 넘기라고 통고한다. 그러나 베냐민 지파는 이에 불복하고 나머지 지파들과 전쟁을 벌인다(20:1-16).
- 세 번의 치열한 전투 끝에 베냐민 지파는 즉 장정 육백 명만 남게 된다(20:17-48).
- 이스라엘 총회는 베냐민 지파를 보존하기 위해 전쟁에 동참하지 않은 야베스 길르앗 주민들을 학살하고 남은 처녀들과 실로의 절기에서 납치한 여인들을 베냐민 자손의 아내로 주어 그 지파의 명맥을 유지하게 하였다(21:1-24).
- 이러한 일련의 폭력과 살해와 관련된 사건들에 대해 성경은 왕이 없는 혼란한 사회적 상황임을 지적하며 비판한다(21:25).

〈이스라엘의 사사들〉

이름	지파	대적	압제 기간	평화 기간	관련성구	비고
옷니엘	유다	메소보다미아의 구산 리사다임	8년	40년	3:9-11	드빌 사건으로 갈렙의 사위가 됨
에훗	베냐민	모압왕, 에글론	18년	80년	3:12-30	왼손잡이 사사
삼갈	납달리	블레셋	?	?	3:31	소 모는 막대기
드보라(바락)	에브라임	가나안 왕 야빈, 군대장관 시스라	20년	40년	4:4-5:31	유일한 여선지자
기드온	므낫세	미디안	7년	40년	6:11-8:35	극히 약한 집안의 제일 작은자
돌라	잇사갈	?	?	23년	10:1-2	아비멜렉 후 사사
야일	길르앗	?	?	22년	10:3-5	삼십 나귀와 성읍
입다	길르앗	암몬	18년	6년	11:1-12:7	서원기도로 딸을 번제로 바침
입산	유다	?	?	7년	12:8-10	결혼 외교정책
엘론	스불론	?	?	10년	12:11-12	평화시의 사사
압돈	에브라임	?	?	8년	12:13-15	평화시의 사사
삼손	단	블레셋	40년	20년	13:2-16:31	가장 큰 능력과 가장 비참한 최후

사사기의 적용과 실천

여호수아와 구세대의 죽음으로 말씀을 가르칠 지도자가 없었기 때문에 이스라엘은 하나님과 멀어졌습니다. 당신은 현재 후세대에게 올바른 신앙교육을 하고 있습니까(2:6-10)?

하나님의 영광을 돌리기 위해 삼손에게 주셨던 강한 능력의 은사와 같이 우리에게 주신 은사들을 어떤 방식으로 사용하고 있습니까(16:15-22)?

헛된 맹세는 하나님의 선(善)을 이루기보다 자칫 하나님의 뜻을 거스리고 사랑하는 이웃조차 불행하게 하는 경우가 있습니다. 우리는 일시적 기분과 감정에 치우쳐 성급하게 헛되이 맹세하는 일이 있지 않도록 해야 합니다.

사사기(1~21장) 읽기

주일	월	화	수	목	금	토
1:1-3:31	4:1-7:25	8:1-10:18	11:1-14:20	15:1-17:13	18:1-20:16	20:17-21:25

룻기

"오벳은 이새를 낳고 이새는 다윗을 낳았더라" (룻 4:22)

기록목적 룻기는 하나님은 협소하게 이스라엘 민족의 하나님으로 국한되지 않고 모든 민족의 하나님이시며 따라서 이방인도 하나님을 믿고 구원을 받아 하나님의 백성이 될 수 있다는 것을 보여 주기 위해 기록되었다.

저　　자 탈무드에 따르면 사무엘이라고 한다.

특　　징
- 대부분의 구약의 책이 남성의 신앙과 활약상을 소개하는 반면, 에스더서처럼 룻기는 이방 여인인 룻의 신앙과 활약을 중심으로 하는 책이다.
- 가난한 자들을 위한 보호 제도(2:2,8,15,16), 기업 무르기 제도(2:20; 3:12-13; 4:1-4), 계대 결혼 제도(4:5,10)와 같은 고대 이스라엘의 여러 풍습들이 나타난다.
- 하나님의 구속 대상에 믿음으로 이스라엘 공동체의 일원이 된 이방인들도 포함됨을 보여준다.
- 보아스가 행한 기업 무르기는 예수 그리스도로 실현된 인류 대속 사역의 예표이다.
- 보아스와 룻의 족보는 다윗 왕가로 이어지는데, 하나님께서는 왕이 없던 사사시대의 혼돈을 룻의 가정을 통해 왕을 세우심으로 해결하신다.

내·용·분·해

대분류	소분류	주요 내용
1. 룻의 신앙과 변함없는 사랑의 승리 (1:1–4:22)	(1) 룻과 나오미의 귀향 (1:1–22)	① 배경 ② 나오미의 귀향과 룻의 동행
	(2) 룻의 헌신적인 공양 (2:1–23)	① 들에서 이삭을 주워 나오미를 공양하는 룻
	(3) 타작마당에서의 룻과 보아스의 만남 (3:1–18)	① 나오미의 계획 ② 룻의 실행과 보아스와의 만남
	(4) 룻의 결혼(4:1–22)	① 룻과 보아스의 결혼 ② 오벳의 출생과 나오미의 양육 ③ 간략한 다윗의 족보

내·용·연·구

1. 룻의 신앙과 변함 없는 사랑의 승리(1:1-4:22)

"어머니의 백성이 나의 백성이 되고 어머니의 하나님이 나의 하나님이 되시리니" (룻 1:16)

(1) 룻과 나오미의 귀향(1:1-22)

① 배경(1:1-5)

- 룻기의 배경은 사사시대이다(1:1). 엘리멜렉과 나오미는 유다 땅에 기근이 들자 모압으로 이주하였고 두 아들 말론과 기룐은 그곳에서 결혼한다.
- 모압 땅에서 나오미는 남편과 두 아들을 잃고 과부이자 이방인으로 보호를 받지 못하는 비참한 신세가 된다.

② 나오미의 귀향과 룻의 동행(1:6-22)

- 나오미는 유다 땅에 양식이 있음을 듣고 고국으로 돌아가기로 결심하며, 과부가 된 두 며느리에게 동족에게로 돌아갈 것을 권고한다(1:8,11-13).
- 오르바는 모압 백성에게로 돌아가지만, 룻은 시어머니와 끝까지 동행한다(1:14).
- 룻의 결단은 옛 정체성을 버리고 이스라엘 민족이 되는 하나님을 자신의 하나님으로 받아들이는 룻의 믿음의 결단이다(1:15-18).
- 나오미와 룻의 베들레헴 귀향은 이것은 초라하고 비참한 귀향이었다. 이에 대해 나오미는 자신을 '마라' (괴로

엘리멜렉(룻 1:2)
'나의 하나님은 왕이시다' 는 뜻

나오미(룻 1:2)
'사랑스럽고 감미롭다' 는 뜻

룻(룻 1:4)
'벗' 이라는 뜻

움)라고 부르라고 말하며, 자신의 불행을 하나님의 심판으로 생각한다(1:19-21).

(2) 룻의 헌신적인 공양(2:1-23)

① 들에서 이삭을 주워 나오미를 공양하는 룻(2:1-23)

밭에 떨어져 있는 이삭을 줍는 것은 과부와 나그네와 같은 가난한 사람들의 권리였다(레 9:19-20; 23:20; 신 24:19).

- 룻은 단지 어떤 이에게 은혜를 입으면 추수하는 밭에 나가서 이삭을 줍겠다고 하였으나 우연히 보아스의 밭에 이른다(2:2).
- 보아스는 일꾼들 사이에서 이삭을 줍는 가난한 여인이 룻임을 알게 되며(2:4-7), 나오미에 대한 룻의 효성에 대해 높이 평가하고(2:11) 추수꾼들에게 룻을 위해 조금씩 곡식을 흘리도록 명령한다(2:14-16).
- 친절을 베푼 보아스는 나오미의 기업을 무를 자이며(2:20), 친척을 어려운 상황으로부터 구해 낼 의무가 있는 사람들 가운데 하나이다.

(3) 타작마당에서의 룻과 보아스의 만남(3:1-18)

① 나오미의 계획(3:1-5)

안식할 곳(룻 3:1)
룻이 행복을 누릴 보금자리, 즉 가정을 가리킴

- 나오미는 룻에게 안식할 곳이 생기기를 원하여 기업을 무를 자 중의 한 사람이자 룻에게 호의를 베풀었던 보아스에게 그가 타작 마당에서 자는 것을 이용하여 대담하게 나서 보라고 권고한다(3:2-5).

② **룻의 실행과 보아스와의 만남**(3:6-18)

- 나오미의 제안을 순종한 룻은 타작마당의 보아스에게 들어가 보아스에게 자기 기업을 물려줄 것을 청원한다.
- 보아스는 룻에게 이번에도 호의를 가지고 자신이 기업을 무를 책임을 이행할 것을 약속한다(참조. 3:10에 나오는 보아스의 축복).

가까운 친족(룻 3:12)
원래 계대 결혼의 1차 책임은 죽은 형제와 가장 가까운 친족에게 있음

기업을 무를 자

1. "기업을 무르다"(히 : 가알)는 말은 "구속하다"는 뜻으로서, 종으로 팔린 친척을 종의 상태에서 구원하거나 친척이 판 땅을 되찾아 줄 때, 혹은 결혼한 형이 자식이 없이 죽었을 경우, 동생이 형수를 취하여 상속자를 낳아서 형의 기업을 잇게 할 때 사용되었다.
2. "기업무를 자"(히 : 고엘)는 "근족, 친족"으로 번역되는데 기업을 무르기 위해서는, 근족이어야 하고(레 2:48-49; 룻 3:12-13), 자원하는 마음이 있어야 하며(레 25:25), 기업을 무를 능력이 있어야 했다(룻 4:4-6).
3. 예수님께서 우리의 진정한 기업 무를 자이다(계 5:5). 그는 본래 하나님이셨지만 우리 죄를 위하여 인간으로 나셨으며(갈 4:4, 5), 자원하여 십자가를 지셨으며(막 10:45), 점도 없고 흠도 없는 보배로운 피로 우리 죄를 씻으셨다(벧전 1:19).

(4) 룻의 결혼(4:1-22)

① **룻과 보아스의 결혼**(4:1-12)

- 룻과의 약속대로 보아스는 장로들을 청해 룻과 관련해서 기업 무름에 관한 일을 처리한다.

- 더 가까운 친족은 기업 무를 권리를 포기하고(4:3-8), 보아스는 즐거운 마음으로 기업 무를 책임과 권리를 이행하였다(4:9-12).

② 오벳의 출생과 나오미의 양육(4:13-17)

오벳(룻 4:17)
이새의 부친이며 이스라엘 통일 왕국의 2대 왕인 다윗의 조부

- 나오미는 자신의 아들로 오벳을 입양하여 양육한다(4:16).

③ 간략한 다윗의 족보(4:18-22)

- 이러한 믿음과 사랑의 아름다운 결과로 룻과 보아스를 위대한 왕 다윗의 조상으로 소개한다(4:17-22). 이로써 룻은 믿음의 조상으로 예수님의 선조가 되는 영예와 복을 누리게 되었다(마 1:5).

룻기의 적용과 실천

당신은 보아스처럼 매사에 사람을 외모로 판단하지 않고 하나님을 중심한 신앙적인 삶을 살고 있습니까(2:4-12)?

룻이 보여준 순종은 "어머니의 말씀대로 내가 다 행하리이다"라는 고백에 구체적으로 표현되고 있습니다. 당신은 순종의 결단을 내릴 때 갈팡질팡 하지 않고 분명하고 구체적으로 나타내고 있습니까(3:5)?

하나님의 인도하심을 따르기 위해서 우리에게는 자신의 희생의 열매를 보지 못하더라도 삶의 계획의 일부, 명예, 물질 등을 포기해야 할 때가 있습니다.

룻기(1~4장) 읽기

주일	월	화	수	목	금	토
1:1-22	2:1-23	3:1-18	4:1-22			

사무엘상·하

"사무엘이 이르되 야훼께서 번제와 다른 제사를 그의 목소리를 청종하는 것을 좋아하심 같이 좋아하시겠나이까 순종이 제사보다 낫고 듣는 것이 숫양의 기름보다 나으니" (삼상 15:22)

기록목적 사무엘상·하는 사사시대 이후에 사무엘, 사울 그리고 다윗 세 사람을 주인공으로 하여 이스라엘 백성이 왕정체제로 변화하는 시대를 기술하였다. 이스라엘의 왕정의 신학적 원리가 언약에 있으며, 이와 관련해서 사울의 불순종으로 인한 멸망과 다윗의 순종으로 인한 영원한 왕권을 약속인 다윗 언약의 탄생의 과정을 보여주기 위해 기록되었다.

저　　자 탈무드에 따르면 사무엘이라고 한다.

특　　징
- 신명기와 연관되는 내용들이 많으며, 하나님께 대한 순종과 불순종으로 말미암아 축복과 심판을 받는 역사관을 제시함으로써 하나님이 역사의 주관자가 되심을 분명히 제시한다.
- 사사시대에서 왕정시대로의 이스라엘의 역사의 전환기에 살았던 인물들인 사무엘, 사울, 다윗에 관한 이야기와 특별히 다윗 언약(삼하 7:12-16)을 이루어 가시는 하나님의 계획의 신실함을 증거해 준다.

내·용·분·해

대분류	소분류	주요 내용
1. 사무엘 (삼상 1:1–7:17)	(1) 사무엘의 어린시절 (1:1–4:1)	① 사무엘의 출생 ② 사무엘의 성장 ③ 사무엘의 소명
	(2) 사사 사무엘(4:2–7:17)	① 엘리 시대의 종말 ② 블레셋에 빼앗긴 언약궤 ③ 미스바 성회
2. 최초의 왕 사울 (삼상 8:1–15:35)	(1) 사울의 통치 (8:1–12:25)	① 백성들의 왕 요구 ② 기름부음 받은 사울 ③ 암몬과의 전투에서의 승리 ④ 왕권에 따른 책임
	(2) 불순종한 사울 (13:1–15:35)	① 블레셋과의 전투 ② 아말렉과의 전투
3. 버림받은 사울과 선택받은 다윗 (삼상 16:1–31:13)	(1) 사울과 다윗 (16:1–19:17)	① 기름부음 받은 다윗 ② 다윗과 골리앗 ③ 다윗에 대한 사울의 질투 ④ 다윗을 죽이려는 사울의 계획
	(2) 다윗의 도피생활 (19:18–30:31)	① 라마에서의 다윗 ② 요나단과 다윗 ③ 놉에서의 다윗 ④ 광야에서의 다윗 ⑤ 블레셋의 다윗
	(3) 사울의 죽음(31:1–13)	① 사울과 아들들의 전사
4. 다윗의 상승 (삼하 1:1–10:19)	(1) 유다와 이스라엘의 왕으로서의 다윗(1:1–5:5)	① 유다의 왕 다윗 ② 온 이스라엘의 왕 다윗
	(2) 다윗의 통치 (5:6–10:19)	① 예루살렘 정복과 언약궤 이송 ② 다윗 언약 ③ 다윗의 승리들과 관리들 ④ 므비보셋에게 베푼 은혜 ⑤ 암몬과의 전쟁

대분류	소분류	주요 내용
5. 왕위 계승과 관련된 사건들 (삼하 11:1–20:25)	(1) 궁중에서 벌어진 사건들(11:1–20:25)	① 다윗의 범죄와 회개 ② 다윗의 아들들의 범죄 사건들 ③ 압살롬의 반역과 죽음 ④ 다윗 통치의 회복
6. 다윗의 통치후기 (삼하 21:1–24:25)	(1) 다윗의 말년 (21:1–24:25)	① 사울의 죄로 인한 기근 ② 다윗의 용사들 ③ 다윗의 찬양 ④ 다윗의 마지막 말 ⑤ 다윗의 용사들 ⑥ 다윗의 인구 조사와 결과

내·용·연·구

1. 사무엘(삼상 1:1-7:17)

(1) 사무엘의 어린시절(1:1-4:1)

① 사무엘의 출생(1:1-28)

- 불임으로 고생하던 한나는 남편 엘가나의 또 다른 아내인 브닌나의 질투와 조롱으로 인한 슬픔과 고통 속에서 하나님께 서원하며 자녀를 간구했다(1:11).
- 한나의 애절한 기도에 하나님은 사무엘을 주셨고, 한나는 서원했던 대로 사무엘을 하나님께 드렸다(1:28; 참조. 나실인의 규례 민 6:1-8).

"평안히 가라 이스라엘의 하나님이 네가 기도하여 구한 것을 허락하시기를 원하노라 하니" (삼상 1:17)

② **사무엘의 성장**(2:1-36)

- 사무엘은 엘리 제사장에게 맡겨졌고, 제사장의 훈련을 받았으며 아름답게 성장했다(2:11,18,26; 참조. 눅 2:52).
- 엘리의 아들들은 악행을 거듭하여 엘리 집안은 죽음과 제사장직의 박탈이라는 하나님의 심판을 통고받는다(2:22-25,27-36).

③ **사무엘의 소명**(3:1-4:1)

- 엘리의 어두운 눈으로 상징되는 어두운 시대가 하나님의 등불에 조명을 받는 사무엘의 시대로 변화되어 간다(3:1-3).
- 이스라엘 백성들이 영적인 어두움에 있던 그 시대에 하나님께서는 사무엘을 부르셨고(3:4-14), 사무엘의 예언은 언제나 성취되었다(3:20-4:1).

사무엘

- 엘리에게 훈련을 받음(2:11)
- 하나님을 섬김(2:11)
- 하나님과 사람의 은총을 받음(2:26)
- 하나님의 음성을 들음(3:1)
- 야훼의 전 안에서 생활함(3:3)

엘리의 아들들(홉니&비느하스)

- 엘리의 말을 듣지 않음(2:25)
- 하나님을 알지 못함(2:12)
- 야훼의 제사를 멸시함(2:17)
- 악행의 소문과 백성들의 불만(2:22)
- 제물 삶는 곳, 회막 문에서 악행함(2:22)

(2) 사사 사무엘(4:2-7:17)

① **엘리시대의 종말**(4:2-22)

- 사사인 엘리는 전쟁에 참여치도 않고, 이스라엘은 블레셋과의 전쟁에서 패한다(4:1-3).
- 패배에 당황한 이스라엘 백성은 승리를 담보하기 위해 야훼의 언약궤만을 가져왔고 오히려 블레셋과의 전쟁에서 대패한다(4:4-11).
- 이로 인해 언약궤마저 빼앗기고 엘리의 두 아들 홉니와

비느하스도 죽임을 당하고(4:10-11), 이 소식을 들은 엘리는 넘어져 목이 부러져 죽는다(4:18-22).

② **블레셋에 빼앗긴 언약궤**(5:1-6:21)

- 블레셋은 승리를 기념하기 위해 언약궤를 다곤 신전에 두지만 다곤 신상은 끔찍하게 훼손됨으로써 심판을 받고, 언약궤가 보내지는 블레셋 도시마다 재앙이 임한다(5:1-12).
- 블레셋 사람들은 출애굽 때에 애굽이 겪었던 전철을 자신들이 밟지 않을까 두려워하고(6:5-6) 언약궤를 속건제물과 함께 벧세메스로 돌려보냈다(6:7-18).

다곤(삼상 5:2)
고대 셈족의 '풍요' 의 신으로 널리 숭배되어 온 우상

〈언약궤 이동 경로〉

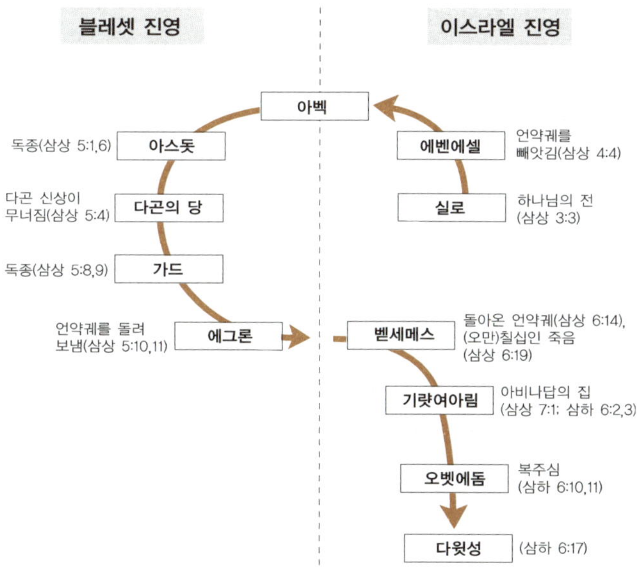

③ **미스바 성회**(7:1-17)

- 블레셋에서 돌아온 언약궤는 기랏여아림 아비나답의 집에 20년 동안 있었고(7:1-2), 사무엘의 주도 하에 이스라엘은 야훼와의 관계 단절을 극복하고자 미스바에서 금식을 동반한 회개를 한다(7:3-6).
- 블레셋이 침공하자 이스라엘은 하나님께 부르짖었고, 하나님께서 이에 응답하셔서 전쟁에서 승리한다(7:9-10).

2. 최초의 왕 사울(삼상 8:1-15:35)

(1) 사울의 통치(8:1-12:25)

① **백성들의 왕 요구**(8:1-22)

- 이스라엘 백성은 사무엘에게 다른 나라들과 같이 왕을 세워줄 것을 요구한다(8:1-5). 이것은 하나님의 통치를 거부하는 것이었다(8:6-7).
- 사무엘은 왕정의 위험성을 경고(8:11-18) 하지만 이스라엘 백성은 왕을 계속 고집(8:19-20)하므로 하나님은 그들의 말을 들어 왕을 세울 것을 말씀하신다(8:21-22).

사울 왕위 즉위 과정(삼상 10:1-24)
사무엘에 의해 기름부음 받음
미스바에서 공식적으로 선출
길갈에서 왕위에 오름

② **기름부음 받은 사울**(9:1-10:27)

- 하나님의 말씀에 따라 사무엘은 베냐민 지파에 속한 사울에게 그가 왕이 될 것임을 이야기하고 기름을 붓는다

(9:5-17,20; 10:1).

- 사울은 자신이 왕으로 선택된 표징적인 사건들을 경험하게 되고(10:2-12) 미스바 총회에서 제비뽑기로 선출되어, 공적으로 왕으로 선언된다(10:21-24).

③ **암몬과의 전투에서의 승리**(11:1-15)

- 암몬 사람 나하스가 요단 동편의 길르앗 야베스 지역을 공격하자 길르앗은 온 이스라엘에 도움을 요청한다(11:3).
- 사울은 하나님의 영으로 크게 감동되어 군대를 소집하여(11:4-7) 길르앗 야베스에서 승리를 얻고(11:11), 비로소 길갈에서 모든 백성이 인정하는 이스라엘의 왕이 된다(11:14-15).

④ **왕권에 따른 책임**(12:1-25)

- 사무엘은 사사직을 물러나면서 고별 설교를 한다(12:13-15).

(2) 불순종한 사울(13:1-15:35)

① **블레셋과의 전투**(13:1-14:52)

- 블레셋과의 결전을 앞두고 사울은 기다리던 사무엘이 오지 않자 백성들의 흩어짐을 막기 위해 자신이 직접 제사를 드렸다(13:8-12).
- 사무엘은 사울의 불순종으로 인해 사울의 왕국이 폐하

사무엘의 고별설교
(삼상 12:13-25)
- 왕이 있음에도 불구하고 야훼 하나님께 충성스럽게 순종할 것을 권고
- 이스라엘 백성들을 위해 기도하기를 쉬지 않을 것
- 야훼 하나님을 섬기지 않으면 그들과 그들의 왕이 멸망할 것

게 되고 그 대신에 야훼의 마음에 맞는 다른 사람에게 나라가 주어질 것임을 선포한다(13:13-14).

- 사울의 아들 요나단은 블레셋 진영을 급습하여 승리한다(14:6-15). 이에 사울과 다른 군사들도 동참하여 큰 승리를 거두게 된다(14:16-23).
- 사울은 전쟁에서 피곤한 백성들에게 불필요한 금식을 선포했고, 이로 인해 온전한 승리가 이루어지지 못하게 되자 아들 요나단에게 책임을 물어 죽이려고 하기까지 한다(14:31-44).

아말렉 전투의 사울의 불순종(삼상 15:1-35)
- 아각 왕을 죽이지 않음
- 동물들을 남긴 것

② 아말렉과의 전투(15:1-35)

- 아말렉과의 전쟁에서 사울은 승리했지만 하나님의 명령을 온전하게 순종하지 않음으로서(15:8-9) 다른이에게 왕권을 빼앗길 것이라는 심판을 통고 받는다(15:22-23, 28).

3. 버림받은 사울과 선택받은 다윗(삼상 16:1-31:13)

(1) 사울과 다윗(16:1-19:17)

① 기름부음 받은 다윗(16:1-23)

- 하나님께서는 사울을 버리고 이새의 막내 아들 다윗을 선택하여 기름 부으셨고, 이에 다윗은 하나님의 영에 크

게 감동된다(16:13).

- 이에 반해 야훼의 영은 사울을 떠나고, 악령에 의해 고통을 당하게 되자 다윗은 사울 가까이에서 수금을 타서 악령을 쫓아내는 일을 하게 된다(16:14-23).

② **다윗과 골리앗(17:1-58)**

- 초인적인 힘을 가진 골리앗을 앞세워 블레셋이 다시 쳐들어오자 사울 왕을 포함한 온 이스라엘은 두려워하여 싸울 의지를 상실한다(17:11).
- 이스라엘의 하나님이 모욕 받는 것에 격분한 다윗(17:26)은 야훼에 대한 믿음을 가지고 나아가 철저히 무장한 골리앗을 물매와 돌로 죽이고 이스라엘에 승리를 가져다 준다(17:45-49).

③ **다윗에 대한 사울의 질투(18:1-30)**

- 다윗을 향한 백성들의 칭송(18:7)에 분개한 사울은 두 번이나 창을 던져 다윗을 죽이고자 하지만 실패한다(18:11,25; 19:10-11).
- 사울은 다윗을 죽일 계략으로 왕의 사위가 되는 영예를 미끼로 블레셋과의 전쟁에 다윗을 참가하도록 하지만, 다윗은 전투에서 승리하여 사울의 딸 미갈과 결혼하게 된다(18:17-30).

④ **다윗을 죽이려는 사울의 계획(19:1-17)**

- 사울이 다윗을 죽이려 함에도 불구하고, 그의 자녀들인

요나단과 미갈은 다윗의 편을 든다(19:1-7,11).

(2) 다윗의 도피생활(19:18-30:31)

① 라마에서의 다윗(19:18-24)

- 다윗이 사무엘이 있던 라마로 도망갔을 때, 사울은 그를 붙잡아오도록 여러 차례 전령을 보내었으나 실패하고, 결국 자신이 직접 갔지만 야훼의 영의 역사로 실패한다(19:18-24).

요나단과 다위의 언약
(삼상 20:1-42)
- 요나단을 죽지 않게 할 것
- 요나단의 후손을 영원히 끊지 말 것

② 요나단과 다윗(20:1-42)

- 사울이 계속해서 다윗을 죽이려고 하지만 사울의 아들 요나단은 다윗과 깊은 우정을 맺는다.
- 요나단은 다윗에 대한 사울의 최종적인 의도가 무엇인지를 확인한 후에(20:5-6,27-34), 다윗의 생명이 보존되도록 은밀하게 보호해 준다(20:35-42; 참조. 23:15-18).

③ 놉에서의 다윗(21:1-22:23)

- 놉으로 피한 다윗은 제사장 아히멜렉의 도움으로 골리앗의 칼을 취해 가드로 피신한다(21:1-9).
- 사회에서 소외된 계층의 사람들이 아둘람 굴에 피한 다윗을 찾아오고(22:1-2), 다윗은 선지자 갓의 도움을 받는다(22:5).
- 사울은 다윗을 도와준 이유로 놉의 제사장들을 모두 죽였고, 도망한 아히멜렉의 아들 아비아달은 다윗에게 합

류했다(22:11-19).

④ **광야에서의 다윗(23:1-26:25)**

- 피난 중에도 다윗은 블레셋과의 전투에서 승리하고 이스라엘의 그일라 거민을 블레셋에게서 구원하고, 그의 명성은 더욱 커진다(23:1-5).
- 다윗이 마온 황무지에서 사울에게 붙잡힐 위기에 있을 때 블레셋이 침입하여 사울의 계획은 좌절된다(23:19-28).
- 다윗은 광야 도피 생활 가운데 사울을 죽일 기회를 얻었지만, 하나님의 기름부음을 받은 자이므로 죽이기를 두 번이나 거절한다(24:1-7; 26:7-12).

⑤ **블레셋에서의 다윗(27:1-30:31)**

- 다윗은 블레셋에 잠시 망명하여 시글락을 얻어 거주하게 되는데, 이 때 가드 왕 아기스의 환심을 사게 된다(27:1-12).
- 블레셋과의 전쟁을 앞두고 사울은 하나님의 응답을 얻지 못하자(28:4-6) 엔돌에 있는 신접한 여인을 찾아가지만 거기서 블레셋 군대에 패할 것이라는 말씀을 받는다(28:16-19).
- 다윗은 블레셋 군대에 참여할 뻔 했으나, 블레셋 방백들의 반대로 동족과 싸우는 비극을 피하게 된다(29:3-11).

사울에 대한 다윗의 자비
(삼상 19:9-17)

- 엔게디의 굴에서 사울을 죽이지 않고 옷자락만 벰(24:1-7)
- 하길라 산 길가에서 잠자던 사울을 죽이려는 아비새를 만류함(26:1-2)

사울이 하나님께
버림받은 결과

- 악신에 들림(16:15)
- 두려움에 떨게 됨(18:12)
- 절망에 이름(28:20-25)
- 하나님과의 대화가 끊어짐
- 분별력을 상실(28:10)
- 삶의 목적을 상실(31:4)
- 하나님의 진노를 입음(31:1-6)

(3) 사울의 죽음(31:1-13)

① 사울과 아들들의 전사(31:1-13)

- 길보아 전투에서 사울은 블레셋에게 크게 패하고 자결하는데, 그 날에 그의 세 아들과 참전한 모든 사람이 전사했다(31:5-6).
- 길르앗 야베스 주민들은 사울의 은혜를 갚으려고 그와 그의 아들들의 시체를 가져다가 장사지냈다(31:11-12).

4. 다윗의 상승(삼하 1:1-10:19)

(1) 유다와 이스라엘의 왕으로서의 다윗(1:1-5:5)

① 유다의 왕 다윗(1:1-2:7)

- 사울과 요나단이 전사했다는 소식을 듣고(1:4-10) 다윗은 진심으로 슬픔을 노래한다(1:17-27).
- 다윗은 블레셋을 떠나 헤브론에 이르러 거기서 유다의 왕으로 기름 부음을 받는다(2:1-4).

② 온 이스라엘의 왕 다윗(2:8-5:5)

- 사울의 군사령관 아브넬은 사울의 아들 이스보셋(에스바알; 참조. 대상 8:33)을 유다 지파를 제외한 이스라엘의 왕으로 추대한다(2:8-9).
- '사울의 집과 다윗의 집 사이에 전쟁' 이 오랫동안 지속

되는데 그 결과 다윗의 집이 점점 더 힘을 얻게 되고, 사울의 집은 힘을 잃게 된다(3:1-5).

- 이스보셋이 두 군지휘관에게 살해된(4:1-7) 이후에 다윗은 헤브론을 찾아온 이스라엘 장로들과 야훼 앞에서 언약을 맺고, 기름부음을 받아 온 이스라엘의 왕이 된다(5:1-3).

(2) 다윗의 통치(5:6-10:19)

① 예루살렘 정복과 언약궤 이송(5:6-6:23)

- 다윗은 예루살렘을 정복하여 수도로 삼고(5:6-10), 두로 왕 히람과 동맹을 맺고(5:11-12), 야훼의 도움(5:19-20, 23-25)으로 블레셋과의 전쟁에서 연승을 거둔다(5:17-25).
- 다윗은 기럇여아림의 아비나답의 집에 있던 언약궤를 예루살렘으로 이송해 온다(6:12-19).

② 다윗 언약(7:1-29)

- 야훼께서 다윗에게 평안함을 주셨을 때 다윗은 언약궤가 영원히 머물 수 있는 성전을 건축하고자 한다(7:1-3).
- 야훼께서 꿈으로 나단에게 나타나 다윗에게 전할 말씀을 주시는데(7:5-16), 하나님은 성전을 건축하지 못하도록 하는 대신 다윗과 언약을 맺으셨다.

③ 다윗의 승리들과 관리들(8:1-18)

- 다윗은 주변 나라들을 계속해서 정복했고, 다윗의 통치

1차 언약궤 이송(삼하 6:3-10)

- 새 수레에 실음
- 여러 가지 악기로 연주함
- 웃사가 궤에 손을 대고 죽음
- 오벧에돔의 집

2차 언약궤 이송(삼하 6:13-17)

- 야훼의 궤를 멤
- 여섯 걸음에 제사를 드림
- 에봇을 입고 힘을 다해 춤을 춤
- 다윗성의 예비한 자리

다윗 언약의 내용(삼하 7:8-16)

- 이스라엘의 주권자로 삼고 축복하심
- 다윗의 집(왕조)과 나라가 영원함

다윗의 주변나라 정복 (삼하 8:1-14)

블레셋	메덱암마를 빼앗음
모압	조공을 바침
소바	마병과 보병을 사로잡고 금방패와 많은 놋을 빼앗음
다메섹 아람	조공을 바침
에돔	종이 됨

는 관리들로 구성된 행정 조직을 잘 갖추어서 정의와 공의의 시대를 이룩한다(8:15-18).

④ **므비보셋에게 베푼 은혜**(9:1-13)

- 다윗은 요나단과의 맹세를 기억하고 므비보셋을 찾아내어 그에게 선대하였다(9:10-13).

⑤ **암몬과의 전쟁**(10:1-19)

- 암몬 왕 나하스의 죽음과 관련된 사건으로 다윗은 암몬과 아람 연합군과 전쟁하여 승리한다.

5. 왕위 계승과 관련된 사건들(삼하 11:1-20:25)

(1) 궁중에서 벌어진 사건들(11:1-20:25)

① **다윗의 범죄와 회개**(11:1-12:31)

- 요압이 암몬과 전쟁을 벌이고 있던 중에 다윗은 예루살렘 왕궁에서 자신의 부하인 우리아의 처 밧세바를 유혹하여 동침하고 그 여인은 임신하게 된다(11:1-5).
- 다윗은 자신의 죄를 감추기 위해 우리아를 전쟁터에서 죽게 하고, 밧세바는 다윗의 아내가 되어 아들을 낳는다(11:14-27).
- 하나님께서 나단 선지자를 보내 은폐된 다윗의 죄를 지적하시고 책망하시자(12:1-10), 다윗은 곧바로 회개하고

하나님께 용서받았으나(12:13) 심판을 통고받는다.

- 하나님의 심판으로 밧세바가 낳은 아들이 사망하고(12:15-19), 장차 성전을 건축할 솔로몬을 낳게 된다(12:24-25).

② 다윗의 아들들의 범죄 사건들(13:1-14:33)

- 다윗의 큰 아들 암논은 이복 누이 다말를 겁탈하고(13:1-20), 다말의 친 오빠인 압살롬은 보복으로 암논을 살해하고 도주한다(13:22-39).
- 압살롬을 향한 다윗의 마음(13:39)을 안 요압은 드고아 여인을 고용하여 압살롬의 귀환이 성사되지만(14:1-21), 다윗은 압살롬을 보지 않았다(14:24, 28).

③ 압살롬의 반역과 죽음(15:1-18:33)

- 압살롬은 다윗이 공정한 재판을 하지 않는다고 반란을 모의하면서 사람들의 지지를 얻는다(15:1-12).
- 압살롬의 반란에 대한 보고를 들은 다윗은 예루살렘에 자신의 측근인 아히마아스, 요나단, 후새를 남겨 놓고 도망한다(15:14, 27-29, 32-37).
- 다윗의 모사 아히도벨은 압살롬의 반역에 가담하여 큰 역할을 하는데(15:12; 16:16-22), 하나님께서는 다윗의 모사 후새를 통해 아히도벨에 반대되는 의견을 내도록 하여 사건의 전개를 역전시킨다(16:15-23).
- 압살롬은 요압에 의해 살해되고(18:9-15), 다윗은 자신의 아들 압살롬의 죽음에 대해 애통한다(18:33).

다윗의 심판의 내용 (삼하 12:10-14)
칼이 영영히 떠나지 않음
재앙을 일으키고 아내들이 대낮에 욕보임
야훼의 원수의 비방거리가 됨
낳은 아들의 죽음

④ **다윗 통치의 회복**(19:1-20:25)

- 압살롬이 죽고 백성들의 마음은 다시 다윗에게로 돌아와 그는 예루살렘으로 귀환한다(19:14-40).
- 얼마 후 북쪽 지파들은 세바를 중심으로 다윗을 다시 거부하지만(19:41-20:2), 한 지혜로운 여인이 나서 세바를 처리함으로써 해결된다(20:14-22).

6. 다윗의 통치 후기(삼하 21:1-24:25)

(1) 다윗의 말년(21:1-24:25)

① **사울의 죄로 인한 기근**(21:1-14)

- 사울이 기브온 사람들을 죽인 죄로 인하여 다윗 시대에 삼년 기근이 발생한다(21:1-2; 참조. 수 9:15). 기브온 사람들은 다윗에게 사울의 일곱 아들을 처형하는 것을 통한 보응을 주장한다(21:4-6).
- 이 때 죽은 사울의 아들들뿐 아니라 사울과 그의 아들 요나단의 뼈가 온전하게 장사된 후에 야훼께서 그 땅을 위한 기도를 들으신다(21:7-14).

② **다윗의 용사들**(21:15-22)

- 다윗의 통치는 충성스런 용사들을 통해 블레셋으로부터 이스라엘 보호를 받고, 이스라엘의 번영에 기여한다.

③ **다윗의 찬양**(22:1-51)

- 시편 18편과 유사하게 다윗은 대적의 손에서 구원하신 야훼 하나님을 찬양하며, 감사한다.

④ **다윗의 마지막 말**(23:1-7)

- 다윗은 의로운 통치의 축복과 다윗과 맺은 야훼의 언약을 송축하며(23:3-5), 다윗 왕조에 대항하는 사악한 자는 망할 수밖에 없다고 말한다(23:6-7).

⑤ **다윗의 용사들**(23:8-39)

- 다윗의 승리가 다윗 혼자만의 성취가 아니라, 하나님의 도우심과 은혜뿐 아니라 다윗을 도왔던 충성스런 사람들의 헌신으로 인해 가능했다는 것을 용사들에 대한 긴 목록을 통해 보여준다.

⑥ **다윗의 인구조사와 결과**(24:1-24:25)

- 자신의 권세를 자랑할 교만한 목적으로 다윗은 요압에게 인구조사를 시행하도록 명령하나(24:1-9), 자신이 큰 죄를 범한 것을 깨닫고 회개한다(24:10).
- 다윗이 선택한 심판으로 인해 3일간의 전염병이 이스라엘에 돌고 난 후, 아라우나의 타작 마당에서 번제와 화목제를 드리고 난 후 기도하매 재앙이 멈춘다(24:25).

인구조사(삼하 24:1)
징집 대상자 파악을 위한 인구 조사. 하나님의 능력을 의지하기 보다는 군사력을 과시하고 왕권을 강화하려는 인간적 방법

사무엘상·하의 적용과 실천

- 범죄하고도 회개할 줄 모르는 것이 더 무서운 것입니다. 당신은 지은 죄에 대해 하나님의 말씀을 듣고 즉각 회개하고 있습니까(삼상 7:5-6)?

- 마음에 질투가 싹트기 시작하여 결국 큰 범죄를 불어 일으키고 파멸에 이르게 됩니다. 우리 자신 안에 다른 사람을 용납하지 못하고 있는 부분은 없습니까(삼상 18:10-11)?

십자가 후에는 부활의 영광이 있듯이 하나님의 공의와 심판 후에는 하나님의 은총이 있습니다. 이 은총은 회개하는 자에게 임하는 하나님의 선물입니다.

사무엘상(1~31장), 사무엘하(1~24장) 읽기

주일	월	화	수	목	금	토
삼상 1:1-7:17	삼상 8:1-15:35	삼상 16:11-23:29	삼상 24:1-31:13	삼하 1:1-7:29	삼하 8:1-15:37	삼하 16:1-24:25

열왕기상 · 하

"네 하나님 야훼의 명령을 지켜 그 길로 행하여 그 법률과 계명과 율례와 증거를 모세의 율법에 기록된 대로 지키라 그리하면 네가 무엇을 하든지 어디로 가든지 형통할지라" (왕상 2:3)

기록목적 열왕기상 · 하는 솔로몬 왕의 통치, 왕국의 남북으로의 분열, 각 왕국의 상승과 하강 그리고 앗수르와 바벨론에 의한 두 왕국의 멸망을 기록한 것으로, 이스라엘의 흥망성쇠는 하나님과 율법 그리고 하나님께서 선택하신 장소인 예루살렘에 대한 왕과 백성들의 태도에 달려있다는 역사적 교훈을 전해주고 있다.

저　자 탈무드에 따르면 예레미야라고 한다.

특　징
- 하나님께 순종 · 불순종하였느냐를 기준으로 삼아 왕을 중심으로 이스라엘의 역사를 평가한 역사적인 기록물이다.
- 이스라엘을 통한 하나님의 구원의 역사를 다루기 때문에, 왕의 행적뿐만 아니라 그들에게 예언의 말씀을 전한 선지자의 활동도 보여 준다.
- 하나님의 구원사에 초점을 맞추었기 때문에 세상의 관점으로 볼 때 군사적 · 경제적 · 정치적으로 약한 나라를 이루었던 왕이라도 하나님께 특별한 의미가 있는 경우에는 자세히 묘사되고 있다.
- 바벨론유수는 하나님께서 당신의 백성을 보호할 힘과 능력이 없어서가 아니라 백성의 죄에 대한 심판의 결과임을 보여준다.

내·용·분·해

대분류	소분류	주요 내용
1. 솔로몬의 통치 (왕상 1:1-11:43)	(1) 솔로몬의 왕위 계승 (왕상 1:1-2:46)	① 왕권 다툼과 왕위 등극 ② 왕권 강화
	(2) 지혜로운 왕 솔로몬 (왕상 3:1-4:34)	① 하나님으로부터 얻은 지혜 ② 지혜로운 재판과 영광
	(3) 성전 건축 (왕상 5:1-9:9)	① 성전과 왕궁 건축 ② 성전 봉헌
	(4) 솔로몬의 영광 (왕상 9:10-10:29)	① 건축사업과 강제노역 ② 솔로몬의 영화
	(5) 솔로몬의 몰락과 죽음(왕상 11:1-43)	① 솔로몬의 타락 ② 솔로몬의 대적들
2. 분열왕국의 역사 (왕상 12:1-왕하 17:41)	(1) 왕국의 분열과 여로보암의 북이스라엘 통치(왕상 12:1-16:33)	① 르호보암 ② 여로보암 ③ 다른 왕들의 통치
	(2) 엘리야와 북이스라엘 아하시야까지의 통치 (왕상 17:1-왕하 1:18)	① 가뭄과 생명의 하나님 ② 갈멜산 사건 ③ 호렙산 사건과 엘리야의 소명 ④ 아합과 그의 가문에 대한 심판 ⑤ 여호사밧과 아하시야
	(3) 엘리사 (왕하 2:1-8:15)	① 엘리사의 사역 ② 아람과의 전쟁 ③ 하사엘의 반란
	(4) 유다의 여호람부터 북이스라엘의 멸망까지(왕하 8:16-17:41)	① 남유다의 여호람과 아하시야 ② 예후 혁명 ③ 남왕국과 북왕국의 여러 왕들 ④ 북이스라엘의 멸망과 그 결과
3. 남유다의 역사 (왕하 18:1-25:30)	(1) 히스기야와 이사야 (왕하 18:1-20:21)	① 히스기야의 통치와 종교개혁 ② 앗수르의 예루살렘 침공 ③ 히스기야의 기도와 치료

대분류	소분류	주요 내용
3. 남유다의 역사 (왕하 18:1-25:30)	(2) 므낫세와 아몬 (왕하 21:1-26)	① 므낫세와 아몬
	(3) 요시야 (왕하 22:1-23:30)	① 요시야의 통치와 종교개혁 ② 요시야의 죽음
	(4) 남유다의 멸망 (왕하 23:31-25:30)	① 요시야 이후 왕들의 통치 ② 예루살렘의 함락과 그 결과

내·용·연·구

1. 솔로몬의 통치(왕상 1:1-11:43)

(1) 솔로몬의 왕위 계승(1:1-2:46)

① 왕권 다툼과 등극(1:1-2:12)

- 70세쯤 된 다윗의 말년에 그의 넷째 아들 아도니야는 군대장관 요압과 제사장 아비아달 등을 끌어들여 왕위를 노렸으나(1:7-10), 다윗은 이전에 맹세했던 대로 솔로몬에게 기름을 부어 왕이 되게 한다(1:17-39).
- 다윗은 유언을 통해 솔로몬에게 온전하고 충성되게 하나님의 뜻을 준행할 것을 권고하고, 요압과 시므이를 처결할 것을 당부한 뒤 숨을 거둔다(2:1-11).

"네가 만일 네 아버지 다윗이 행함 같이 마음을 온전히 하고 바르게 하여 내 앞에서 행하며 내가 네게 명령한 대로 온갖 일에 순종하여 내 법도와 율례를 지키면 내가 네 아버지 다윗에게 말하기를 이스라엘의 왕위에 오를 사람이 네게서 끊어지지 아니하리라 한 대로 네 이스라엘의 왕위를 영원히 견고하게 하려니와" (왕상 9:4-5)

아도니야 지지

제사장 아비아달
군대장관 요압

솔로몬 지지

제사장 사독
선지자 나단
장군 브나야

② **왕권 강화**(2:13-46)

- 아도니야 측에 섰던 아비아달과 요압 그리고 압살롬의 반란 때에 다윗을 저주했던 시므이가 차례로 제거됨으로써 솔로몬의 왕권이 견고해진다.

(2) 지혜로운 왕 솔로몬(3:1-4:34)

① **하나님으로부터 얻은 지혜**(3:1-15)

- 기브온 산당에서의 일천 번제 이후 하나님께서 소원을 물으시자 솔로몬은 백성들을 지혜롭게 재판할 수 있도록 듣는 마음을 구한다(3:5-8).
- 이러한 솔로몬의 태도를 기뻐하신 하나님께서는 솔로몬에게 그가 간구한 것은 물론 부귀와 영광과 장수의 약속도 함께 주신다(3:13-15).

② **지혜로운 재판과 영광**(3:16-4:34)

- 두 사람의 창기와 아이들과 관련된 재판에서 나타난 솔로몬의 지혜로운 판결은 하나님께 받은 분별의 지혜를 확증해 주었다(3:28).

솔로몬의 왕국 묘사(왕상 4장)
- 솔로몬의 신하들(4:1-6)
- 지방관장들(4:7-19)의 명단
- 솔로몬의 권세와 국력(4:21-28)
- 지혜(4:29-34)

(3) 성전 건축(5:1-9:9)

① **성전과 왕궁 건축**(5:1-7:51)

- 솔로몬은 두로 왕 히람과의 평화적 관계를 통해 얻은 백향목과 기술자들로 성전을 건축하기 시작한다(5:1-18).

• 성전건축은 7년 동안 계속되었다(6:37-38).

② **성전 봉헌**(8:1-9:9)

• 언약궤는 모든 이스라엘 사람들이 보는 앞에서 성전 안 지성소에 안치되었고(8:6), 이 때 야훼의 영광을 상징하는 구름이 성전을 가득 채웠다(8:10-11).

• 이에 대해 야훼 하나님께서는 영원히 성전에 거하겠다고 약속하시면서, 솔로몬에게 다윗 언약을 다시 한 번 상기시키신다(9:3-9).

열왕기는 성전 건축의 시작을 출애굽과 연결시킴으로써 이스라엘의 역사가 하나님의 구원의 역사이며, 이스라엘은 하나님을 예배하는 민족임을 알게 해준다(6:1).

(4) 솔로몬의 영광(9:10-10:29)

① **건축사업과 강제노역**(9:10-28)

• 솔로몬은 여러 국고성, 병거성, 마병의 성들을 건축하여 요새화하는 등 활발한 건축 활동을 벌였다.

• 솔로몬은 건축 사업을 위해 가나안 원주민들에게 강제노역을 시켰다(9:15-22). 또한 결혼을 통해 애굽과 동맹관계를 맺고 두로와 함께 원거리 해상무역을 실시한다(9:24-28).

성전봉헌식 거행
(왕상 8:62-66) 순서

- 솔로몬의 연설(8:12-21)
- 봉헌기도(8:22-53)
- 이스라엘 백성에 대한 축복(8:54-61)
- 희생제물 바침
- 축제

② **솔로몬의 영화**(10:1-29)

• 솔로몬의 명성이 주변 나라에 퍼지자 그의 지혜를 시험하기 위해 스바 여왕이 예루살렘을 방문하였고 솔로몬의 지혜와 부가 소문보다 더함을 확인하고 감탄하며 돌아간다(10:3-13).

- 솔로몬 영광을 단적으로 보여주는 부귀에 대한 화려한 묘사가 나온다(10:14-29).

(5) 솔로몬의 몰락과 죽음(11:1-43)

① 솔로몬의 타락(11:1-13)

- 솔로몬은 말년에 하나님께서 명하신 말씀에 순종하지 않고 우상숭배의 죄를 범했는데, 이것은 하나님께서 금하신 많은 이방 여인들과의 결혼 때문이었다.

② 솔로몬의 대적들(11:14-43)

- 솔로몬의 타락으로 평화로운 시대가 종식된다. 야훼께서는 에돔의 왕족 하닷(11:14-22)과 후에 수리아 왕이 된 엘리아다의 아들 르손(11:23-25)으로 하여금 그의 대적이 되게 하신다.
- 선지자 아히야는 자신의 겉옷을 열두 조각으로 찢어 그 중 열 조각을 여로보암에게 줌으로써 야훼께서 그를 열 지파의 왕으로 삼으실 것이고 솔로몬의 아들에게는 두 지파를 주실 것이라고 예언한다(11:29-39).
- 이에 솔로몬의 여로보암에 대한 살해 시도가 있었지만 실패하고(11:40), 이후 솔로몬은 사망한다(11:41-43).

2. 분열왕국의 역사(왕상 12:1-왕하 17:41)

(1) 왕국의 분열과 여로보암의 북이스라엘 통치(왕상 12:1-16:33)

① 르호보암(왕상 12:1-19)

- 온 이스라엘이 르호보암을 왕으로 삼으려 세겜에 모였을 때 백성들은 솔로몬이 시킨 고역의 멍에를 가볍게 해 줄 것을 요청하였으나(12:1-4) 르호보암은 백성들의 요청을 거절한다(12:12-14).
- 이로 인해 아히야의 예언대로 왕국은 분열된다. 역꾼의 감독 아도람이 살해되고, 르호보암은 유다로 도망친다(12:16-19).

② 여로보암(왕상 12:20-14:20)

- 북이스라엘은 여로보암을 새 왕으로 세운다(12:20). 그러나 여로보암은 자신의 정치적 목적 때문에 이스라엘을 죄악으로 몰아간다(12:26-33).
- 여로보암이 벧엘의 제단에서 분향할 때 유다로부터 온 예언자의 경고를 받았음에도(13:1-6) 악한 길에서 돌이키지 않았고, 이로 인해 북이스라엘 왕국은 멸망으로 치닫는다(13:33-34).

왕국분열원인

① 솔로몬의 범죄
② 외국, 특히 애굽의 음모
③ 지파들의 질투
④ 여로보암의 야심
⑤ 르호보암의 실책
⑥ 솔로몬이 백성에게 지운 멍에

여로보암의 죄

① 벧엘과 단에 금송아지를 세우고 그것들이 출애굽의 하나님이라고 선포함
② 레위인이 아닌 사람들로 제사장을 삼음
③ 초막절을 한 달 늦추어 여덟째 달 열다섯째 날로 바꿈

③ 다른 왕들의 통치(왕상 14:21-16:33)

남유다의 왕들(14:21-15:24)	북이스라엘의 왕들(15:25-16:34)
1. 르호보암 : 우상숭배. 이에 대한 심판으로 애굽의 왕 시삭의 침공을 받음(14:21-28) 2. 아비얌 : 야훼 앞에 온전히 행하지 않음(15:1-5) 3. 아사 : 우상숭배를 척결하고 야훼께 충성(15:9-15). 이스라엘 왕 바아사의 침공으로 국가가 위태할 때 아람 왕 벤하닷과의 동맹으로 나라를 구함(15:16-22)	1. 나답 : 그의 아버지 여로보암처럼 하나님을 배반하는 악을 저지름. 바아사의 모반에 의해 살해됨(15:25-27, 29) 2. 바아사 : 역시 악한 왕. 남 유다의 아사 왕과 계속된 전쟁을 치름(15:32) 3. 엘라 : 선지자 예후의 예언대로 군대 지휘관 시므리의 반란에 의해 살해됨(16:9-10) 4. 오므리 : 군대 지휘관으로서 시므리의 반란을 진압, 경쟁자인 디브니를 물리치고 왕이 됨. 사마리아로 수도를 삼음. 역시 악한 왕(16:16-26) 5. 아합 : 시돈 공주 이세벨을 아내로 삼고, 바알과 아세라를 숭배하여 바알 신전을 사마리아에 건축하는 악을 행함(16:29-33)

(2) 엘리야와 북이스라엘 아하시야까지의 통치(왕상 17:1-왕하 1:18)

① 가뭄과 생명의 하나님(왕상 17:1-24)

- 아합이 폭풍과 풍요의 신 바알 숭배를 이스라엘에 들여오자 야훼는 엘리야를 통해 이스라엘에 수년간 가뭄이 계속될 것이라는 예언의 말씀을 내리신다(17:1).

엘리야에 대한 하나님의 도우심
- 그릿 시냇가에서 까마귀에게 음식을 공급 받음(17:6)
- 사르밧 과부에게 기적을 보인 뒤 그 집에서 안전하게 보호받음(17:10-16)

② 갈멜산 사건(왕상 18:1-46)

- 엘리야는 이스라엘 백성이 하나님과 우상을 겸하여 숭배하는 것을 책망하면서, 제단에 불이 내리게 함으로 누가 참 하나님인지 증명할 것을 제안한다(18:20-21).

- 바알 선지자들의 처절한 노력은 실패했으나, 엘리야는 불로 응답하시는 하나님의 기적을 보이자 백성들은 야훼를 유일한 참 하나님으로 인정하고, 바알 선지자들을 모두 죽인다(18:30-40). 이후 엘리야의 간절한 기도 후에 비가 내림으로 가뭄이 끝이 난다(18:41-46).

③ **호렙산 사건과 엘리야의 소명**(왕상 19:1-21)

- 엘리야는 이세벨의 보복을 피해 광야로 도망가 로뎀 나무 아래에서 절망과 고독 속에서 죽기를 간구한다(19:1-4).
- 하나님께서는 천사를 통해 엘리야에게 떡과 물을 주시어 생명을 지키시고 호렙산에서 새로운 사명을 확인시키신다(19:5-13).

④ **아합과 그의 가문에 대한 심판**(왕상 20:1-22:40)

- 아합은 아람과의 두 차례의 전쟁에서 승리하지만, 결국 하나님의 말씀을 거역하여, 아람 왕 벤하닷과 조약을 맺고 그를 풀어준다. 이로 인해 아합은 자신이 대신 멸망할 것이라는 예언을 듣는다(20:33-40).
- 아합은 나봇을 죽이고 포도원을 빼앗는다(21:13-16). 이에 하나님께서 그의 가문의 심판을 예고(21:20-24)하자 회개함으로 심판이 일시적으로 유예된다(21:27-29). 하지만 아합은 유다 왕 여호사밧과 동맹하여 벌인 아람과의 전쟁에서 죽음으로 나봇의 핏 값을 치르게 된다(22:38).

유다 왕 여호사밧
- 남색하는 자들을 처단
- 야훼 하나님을 성실히 섬김
- 아사와 같이 좋은 평가를 받음

⑤ 여호사밧과 아하시야(왕상 22:41-왕하 1:18)

- 여호사밧은 죄악된 북이스라엘과의 동맹으로 유다를 죄악으로 빠뜨리는 결과를 낳았다(왕상 22:41-50).
- 아합의 아들 아하시야는 바알을 섬기고(왕상 22:51-53), 자신의 질병에 대해 에그론의 신 바알세붑에게 묻는 죄를 저지른다(왕하 1:1-2). 엘리야의 선포대로 아하시야는 죽고 여호람이 왕이 된다(왕하 1:4,16-17).

(3) 엘리사(왕하 2:1-8:15)

① 엘리사의 사역(왕하 2:1-6:7)

- 엘리사는 엘리야가 승천하기 전까지 엘리야와 동행했다(2:1-6). 그는 엘리야의 갑절의 능력을 받아 그의 후계자가 될 것을 구하여 응답받는다(2:9-11).
- 그는 이후 생명과 죽음이 하나님 말씀에 대한 순종 여부에 있음을 증명하는 수많은 기적들을 보인다(2:13-6:7).

② 아람과의 전쟁(왕하 6:8-8:6)

- 이스라엘 왕을 매복공격하려던 아람 왕의 계획이 엘리사로 인해 번번이 실패하자(6:8-10), 많은 군사들을 보내어 엘리사가 있는 도단성을 포위한다(6:14). 그때 엘리사는 두려워하는 사환의 눈을 열어 하나님의 불 말과 불 병거를 보여준다(6:15-17).
- 엘리사는 기도로 적군의 눈을 어둡게 하여 사마리아 성

엘리야의 새로운 세 가지 소명

① 다메섹에 가서 하사엘을 아람 왕으로 기름 부음
② 예후를 이스라엘 왕으로 기름 부음
③ 엘리사를 그의 후계자로 기름 부어 세움

으로 인도한 후, 은혜를 베풀어 그들의 땅으로 돌려보낸 다(6:18-23).

- 이후에 아람 왕 벤하닷의 포위공격과 심한 기근으로 사마리아는 참혹한 지경에 이른다(6:25, 28-29). 이런 상황은 나병환자들의 발소리에 아람군대가 도망가는 기적으로 해결된다(7:1-20).

③ **하사엘의 반란**(왕하 8:7-15)

- 아람 왕 벤하닷은 엘리사의 예언대로 병이 낫지만 하사엘에게 살해되고 왕위를 빼앗긴다. 엘리사는 또한 하사엘이 이스라엘에 행할 악에 대해 예언한다.

(4) 유다의 여호람부터 북이스라엘의 멸망까지(왕하 8:16-17:41)

① **남유다의 여호람과 아하시야**

- 유다 왕 여호람과 아합의 딸 아달랴가 결혼함으로 남유다는 우상숭배의 죄로 빠져든다(8:18). 여호람의 뒤를 이어 왕이 된 아하시야도 우상숭배를 계속한다(8:27).

② **예후 혁명**(왕하 9:1-10:36)

- 엘리사는 한 제자를 길르앗 라못에 있던 예후에게 보내어 기름 부음으로 그를 이스라엘 왕으로 세운다(9:1-13).
- 예후가 바알 숭배를 근절하기는 했지만 야훼의 율법대로 여로보암의 금송아지 숭배를 중단하지 않았기 때문

예후 혁명

① 이스르엘로 올라와 와병 중에 있던 이스라엘의 요람 왕(9:14-26)과 문병 온 유다의 아하시야 왕(9:27-29)을 죽임

② 사마리아에서 요람 왕의 어머니 이세벨(9:30-37)과 아합의 70명의 아들(10:1-17) 그리고 바알 숭배자들을 진멸하고 바알의 신당을 파괴함(10:18-28)

에, 하나님께서는 예후의 왕조가 4대까지만 이어질 것 이라고 말씀하신다(10:28-31).

③ 남왕국과 북왕국의 여러 왕들(왕하 11:1-16:20)

남유다의 왕들	북이스라엘의 왕들
1. 아달랴: 아합의 딸이자 유다 왕 아하시야의 모후. 아들이 죽자 정권을 잡고 다윗왕가의 씨를 진멸하려 하지만, 제사장 여호야다가 유일한 다윗왕가의 생존자 요아스를 통해 다윗왕조를 복원할 때 살해됨(11:1-8, 12, 18-21) 2. 요아스: 여호야다의 교훈을 받는 동안에는 성전을 보수하는 등 야훼를 정직히 섬겼지만, 아람의 침략 때 성전의 성물과 보물을 아람 왕 하사엘에게 넘김. 결국 모반으로 살해됨(12:9-21; 참조. 대하 24:17-22) 3. 아마샤: 하나님의 율법에 어느 정도 충실한 왕이었지만(14:3, 6) 후에 교만하여 북이스라엘의 요아스 왕과 전쟁을 벌여 포로가 되기도 함(14:8-14). 결국 그의 아버지처럼 모반으로 살해됨(14:19) 4. 아사랴(웃시야): 산당을 제거하지 않음으로 백성들이 여전히 산당에서 제사하고 분향하게 함. 야훼께 나병으로 치심으로 죽는 날까지 별궁에 거함(15:4-5) 5. 요담: 야훼께서 보시기에 정직히 행했으나 역시 산당을 제거하지 아니함(15:32-36) 6. 아하스: 우상숭배로 불신앙적인 태도를 보이고(16:2-4), 아람과 북이스라엘이 연합하여 유다를 공격했을 때 스스로 앗수르의 봉신이 되어 많은 조공을 보냄(16:5-9). 다메섹에 있는 이방 제단의 모양을 본 떠 새 제단을 만들어 예루살렘 성전에 두고 성전 건물 등을 개조하는 등 앗수르에 복속된 모습을 보임(16:10-18)	1. 여호아하스: 예후의 아들로 여로보암의 죄를 계속하고, 진노하신 하나님께서는 아람의 하사엘과 그의 아들 벤하닷(3세)을 통해 그를 징벌하시어 그의 시대에 북이스라엘의 국력이 약화됨(13:6-7) 2. 요아스: 여로보암의 모든 죄에서 떠나지 아니하지만(13:10-13), 족장들과의 언약을 기억하신 하나님께서 불쌍히 여기셔서 아버지 여호아하스 시대에 아람에게 빼앗겼던 영토를 되찾음(13:22-25) * 엘리사는 자신을 찾아온 요아스에게 단지 아람에 대한 세 번의 승리만을 약속하고(13:19, 22-25), 후계자를 세우지 않고 죽음으로써 이스라엘의 희망이 사라져 감을 암시(13:20) 3. 여로보암(2세): 선지자 요나의 예언대로 하맛 어귀부터 아라바 바다까지 이스라엘의 영토를 회복하였으나 느밧의 아들 여로보암의 모든 죄에서 떠나지 아니함(14:23-27) * 여로보암 이후 이스라엘은 왕이 일곱 번이나 바뀌면서 왕국의 멸망으로 향함(여로보암-스가랴-살룸-므나헴-브가히야-베가-호세아: 15:8-38; 17:1)

④ **북이스라엘의 멸망과 그 결과**(왕하 17:1-41)

- 북이스라엘의 마지막 왕 호세아 때에 앗수르의 살만에셀의 침공으로 북이스라엘은 앗수르의 속국이 되어 조공을 바치게 된다(17:1-3).
- 호세아는 애굽에 도움을 청하여 앗수르를 배반함으로 앗수르의 재침공을 받아 3년 만에 사마리아는 함락되고, 백성들은 앗수르의 포로가 되어 끌려간다(17:1-6).
- 앗수르 왕은 이방민족들을 사마리아에 이주시키는 정책을 펴서 사마리아 땅에 혼혈 백성이 생겨나게 하였다(17:24).

3. 남유다의 역사(왕하 18:1-25:30)

(1) 히스기야와 이사야(왕하 18:1-20:21)

아하스의 아들 히스기야는 즉위 후 산당들을 제거하고, 우상숭배물을 없앴다.

① **히스기야의 통치와 종교개혁**(18:1-8)

- 히스기야가 야훼를 의지하고 계명을 지키며 앗수르 왕을 섬기지 아니함으로 하나님께서는 그와 함께 하시고 어디로 가든지 형통케 하셨다. 그의 전후 유다 여러 왕 중에 그러한 왕이 없었다(18:4-8).

② **앗수르의 예루살렘 침공**(18:13-37)

- 앗수르에 복종을 거부한 유다를 산헤립이 공격해 왔을

때 히스기야는 성전에서 취한 막대한 조공을 바치며 항복한다(18:13-16).

- 히스기야의 조공을 받고 난 이후 산헤립은 고관들을 보내 완전한 항복을 요구했으며(18:17), 그 중 랍사게는 이스라엘의 하나님의 능력을 부인하는 연설로 항복을 강요했다(18:35).

항복을 요구하는 랍사게의 서신(19:10-13)을 받은 히스기야는 하나님을 전적으로 신뢰하는 믿음의 기도를 드렸고(19:14-19), 그에 대한 구원의 응답으로 앗수르의 군사 18만 5천명이 야훼의 사자에 의해 죽임을 당하고, 앗수르 왕 산헤립은 니느웨로 귀환한 뒤 모반으로 살해된다(19:35-37).

③ **히스기야의 기도와 치료**(19:1-20:21)

- 국가 위기에서 히스기야는 옷을 찢고 선지자 이사야에게 유일한 구원의 길인 하나님의 뜻을 묻는다(19:1-4). 이사야는 백성들에게 야훼를 신뢰할 것을 권면하고 구원을 약속한다(19:6-7).
- 히스기야는 병들어 죽게 되었지만 심히 통곡하여 기도함으로 15년의 생명연장을 약속받는다(20:1-11).

(2) 므낫세와 아몬(왕하 21:1-26)

① **므낫세와 아몬**(21:1-18,19-26)

- 히스기야의 아들 므낫세는 55년 동안 악정을 펼치는데 그의 죄는 북이스라엘과 남유다 왕들의 모든 죄를 종합한 것이었다.
- 하나님께서는 사마리아와 북이스라엘에 행하신 심판을 예루살렘과 남유다에도 내릴 것이라고 말씀하신다(21:10-15).

므낫세
히스기야가 헐어버린 산당을 다시 세우고, 이스라엘 왕 아합의 행위대로 바알과 아세라를 위해 제단을 건립하는 등 우상숭배의 죄를 행한다(21:1-9).

아몬
짧은 통치기간 동안에도 므낫세와 같은 악행을 하다 반역 사건으로 암살당한다(21:19-26).

(3) 요시야(왕하 22:1-23:30)

① 요시야의 통치와 종교개혁(22:1-23:27)

- 요시야는 여덟 살의 어린 나이에 왕이 되었는데, 다윗과 같은 의로운 통치로 칭찬을 받는다(22:1-2).
- 그는 성전을 수리하였고(22:3-7), 그 과정에서 발견된 율법책의 내용과 관련하여 야훼께 묻는다(22:8-13). 그로부터 율법책에 기록된 대로 종교개혁을 시작한다.

요시야 종교개혁의 내용

① 온 백성의 언약 갱신과 성전에서 발견한 율법책 내용 준수 맹세(23:1-3)
② 우상숭배와 관련된 것들을 제거(23:4-14)
③ 이전 북이스라엘 영토에 있던 우상숭배 장소들을 파괴하고 그 제사장들을 제거(23:15-20)
④ 사사 시대 이후 제대로 지켜지지 않던 유월절 의식을 거행(23:21-23)

② 요시야의 죽음(23:28-30)

- 요시야의 개혁에도 불구하고 므낫세의 죄와 백성들의 뿌리 깊은 타락으로 인해 하나님의 진노는 돌이켜지지 않는다. 유다와 예루살렘은 멸망하고 성전은 파괴되며 백성은 유배에 처해지게 된다(23:26-27).
- 요시야는 앗수르를 도우러 가는 애굽 왕 바로 느고에 맞섰다가 므깃도에서 전사한다(23:28-30).

(4) 남유다의 멸망(왕하 23:31-25:30)

① 요시야 이후 왕들의 통치(23:31-24:20)

- 바로 느고는 요시야의 아들 여호아하스를 즉위 석 달 만에 애굽에 포로로 끌고 가면서 그 대신에 여호야김(엘리아김)을 유다의 왕으로 세웠다(23:31-35).
- 바벨론 왕은 여호야긴의 숙부 맛다니야를 시드기야로 개명하여 왕으로 임명하였는데, 그도 야훼 보시기에 악

여호아하스와 여호야김 모두 야훼 보시기에 악한 왕이었음(23:32,37)

여호야김
삼년 간 바벨론을 섬기다가 배반하였고 이는 바벨론 침공의 원인이 됨(24:1-2)

여호야긴
바벨론에 항복, 그와 함께 수많은 백성이 포로로 끌려감(24:8-17)

을 행하였고 결국에는 바벨론을 배반하게 된다(24:17-20).

② **예루살렘의 함락과 그 결과(25:1-30)**

- 시드기야의 배반으로 인한 느부갓네살의 2차 침공으로 예루살렘은 18개월간 바벨론의 포위 공격을 받아 성은 함락되고 만다(25:1-7).
- 예루살렘 성과 성전은 파괴되고, 비천한 자를 제외한 백성들을 모두 포로로 끌려갔으며, 성전의 보물들도 모두 약탈되었다(25:8-17).
- 바벨론에 의해 유다의 총독이 된 그달리야는 유다 왕족이었던 이스마엘에게 죽임을 당하고, 남은 백성들은 애굽으로 도망간다(25:22-26).
- 예루살렘이 멸망한 지 26년 후, 포로로 끌려갔던 여호야긴은 바벨론 왕의 호의로 옥에서 풀려난다(25:27-30).

〈남북 왕조의 비교표〉

왕국	첫왕	마지막 왕	왕수	멸망시킨 나라	왕국의 기간
유다	르호보암	시드기야	20	바벨론(느부갓네살)	주전 922-586년
이스라엘	여로보암	호세아	19	앗수르(살만에셀)	주전 922-722년

열왕기상·하의 적용과 실천

우리는 솔로몬의 인생을 통해 하나님께서 주신 엄청난 복이 죄악으로 인해 어떻게 급격히 무너질 수 있는지를 생각해 볼 수 있습니다. 당신은 하나님을 의지하기보다는 세상 사람들의 방법론을 취했던 솔로몬의 길을 따라 죄를 행하고 있지는 않습니까(왕상 10:26)?

성경에서 '하나님을 기다리고 바란다' 라는 뜻을 가진 히브리어 동사 '카바' 는 명사형으로 쓰일 때 '선(line), 줄(cord)' 등의 의미를 갖습니다. 이 동사는 하나님의 능력과 무한한 힘이 우리의 약함을 대신할 수 있도록 우리 자신을 그분의 주변에 단단히 묶거나 엮는다는 것을 묘사합니다. 여러분은 우리의 약함이 그분의 강함이 됨을 믿고 하나님만을 의지하면서 기다리고 있습니까(왕하 19:6-7)?

역사의 주인은 하나님이십니다. 인간은 역사의 주인이신 하나님께 부름 받은 자일 따름입니다. 이스라엘은 역사의 주인이신 하나님을 왕으로 인정하며 출발했지만, 왕국이 두 나라로 갈라지고 북이스라엘과 남유다 모두 역사의 뒤로 사라지는 슬픈 결말을 맞았습니다. 그것은 인간이 역사의 주인을 인정하지 않고 그 분의 말씀을 따르지 않을 때 일어날 수밖에 없는 필연적인 결과였습니다. 오늘날 우리 역시 두 왕국의 역사를 통해 말씀하시는 하나님의 음성에 귀를 기울여야합니다.

열왕기상(1~22장), 열왕기하(1~25장) 읽기

주일	월	화	수	목	금	토
왕상 1:1-4:34	왕상 5:1-11:43	왕상 12:1-18:46	왕상19:1-왕하2:25	왕하 3:1-13:25	왕하 14:1-20:21	왕하 21:1-25:30

역대상·하

"내가 영원히 그를 내 집과 내 나라에 세우리니 그의 왕위가 영원히 견고하리라 하셨다 하라" (대상 17:14)

기록목적 바벨론 포로 생활에서 돌아온 소수의 백성들에게 예루살렘 성전을 재건하고 왕이 없는 상황에서 신정체제를 구축하고, 이전 북왕국의 사마리아인들의 혼합주의적 예배를 배격하며, 참다운 성전 예배를 중심으로 한 공동체의 정체성을 제시하기 위해 기록하였다. 이와 더불어 예루살렘 성전과 그 예배를 중심으로 한 순전한 야훼 신앙을 가진 공동체가 참된 이스라엘이며, 순전한 야훼 신앙이 축복과 번영의 원천이라는 사실을 보여주기 위해 기록하였다.

저 자 탈무드에 따르면 에스라라고 한다.

특 징
- 역대기는 다윗 언약에 기초하여 다윗의 혈통을 중심으로 하는 유다의 역사만 기록하고 있다. 또한 다윗과 솔로몬의 죄악들을 언급하지 않는다.
- 성전 제의에 관한 관심사가 많으며, 따라서 성전과 성전 예배 그리고 제사장을 강조하였다.
- 유다의 종교적인 역사에 초점을 맞추고 있다.

내·용·분·해

대분류	소분류	주요 내용
1. 아담에서 사울까지 (대상 1:1-9:44)	(1) 아담에서 이스라엘(야곱)까지(1:1-54)	① 아담에서 아브라함까지
	(2) 야곱의 자손들 (2:1-9:44)	① 야곱(이스라엘)의 아들들 ② 유다의 자손 ③ 나머지 지파의 자손들 ④ 예루살렘의 주민
2. 다윗 왕국 (대상 10:1-29:30)	(1) 이스라엘 왕으로의 다윗의 등극 (10:1-12:41)	① 사울의 죽음 ② 다윗의 등극
	(2) 예루살렘으로의 언약궤이송(13:1-16:43)	① 첫 번째 언약궤 이송 시도 ② 왕으로서의 다윗의 성공 ③ 예루살렘으로의 언약궤 이송 ④ 언약궤의 성전안치 의식
	(3) 다윗의 확고한 왕권확립(17:1-21:30)	① 다윗 언약과 다윗의 기도 ② 나윗의 정복사업 ③ 다윗의 인구조사와 재앙
	(4) 다윗의 성전건축 준비(22:1-27:34)	① 성전건축 준비 ② 성전 봉사자들 ③ 왕의 신하들
	(5) 다윗의 왕위 이양과 죽음(28:1-29:30)	① 다윗의 유언 ② 다윗의 기도
3. 솔로몬의 통치 (대하 1:1-9:31)	(1) 솔로몬의 등극 (1:1-17)	① 지혜를 구한 솔로몬 ② 솔로몬의 부귀영화
	(2) 솔로몬 성전건축과 봉헌(2:1-7:22)	① 성전건축 ② 성전봉헌
	(3) 솔로몬의 영화 (8:1-9:31)	① 솔로몬의 업적 ② 솔로몬의 명성

대분류	소분류	주요 내용
4. 유다의 왕들 (대하 10:1-36:23)	(1) 유다의 왕들 (10:1-36:16)	① 르호보암의 통치 ② 아비야에서 여호사밧까지 ③ 여호람에서 히스기야까지 ④ 므낫세에서 요시야까지 ⑤ 여호아하스에서 시드기야까지
	(2) 유다 왕국의 멸망과 귀환(36:17-23)	① 예루살렘 함락과 귀환

내·용·연·구

1. 아담에서 사울까지(대상 1:1-9:44)

(1) 아담에서 이스라엘(야곱)까지(1:1-54)

① 아담에서 야곱까지(1:1-54)

- 역대상 1장의 족보들은 창세기의 족보들에 나오는 내용으로 구성되어 있다.
- 인류의 시조인 아담에서 중시조인 노아와 그의 아들들까지, 그리고 노아의 아들들로부터 아브라함까지, 아브라함부터 이삭과 이스마엘의 자손들까지 기록되어 있다.

다윗의 아들들

출생지	아들들의 이름
헤브론 (6명)	암논 다니엘 압살롬 아도니야 스바댜 이드르암
예루살렘 (4명)	시므아 소밥 나단 솔로몬
그 외 (9명)	입할 엘리사마 엘리벨렛 노가 네벡 야비아 엘리사마 엘랴다 엘레벨렛

(2) 야곱의 자손들(2:1-9:44)

① 야곱(이스라엘)의 아들들(2:1-2)

- 야곱의 아들이자 이스라엘의 열두 족장인 르우벤, 시므온, 레위, 유다, 잇사갈, 스불론, 단, 요셉, 베냐민, 납달리, 갓 그리고 아셀이 소개된다.

② 유다의 자손(2:3-4:23)

- 다윗 언약을 이어받은 유다지파의 우월성을 강조한다.
- 3장에서 유다의 아들들부터의 계보보다 역사적으로 뒤지는 다윗의 계보가 먼저 언급되는 것은 역대기에서의 다윗의 중요성을 보여준다.

③ 나머지 지파의 자손들(4:24-8:40)

- 유다 지파 이외의 이스라엘의 지파들의 계보가 기록되어있다.

지 파	성경구절	참 조
시므온	4:24–43	수 19:1
르우벤, 갓, 므낫세 반	5:1–16	요단강 동편 지파
레위	6:1–15	아론 제사장 가계가 다른 가계보다 먼저 소개됨
잇사갈, 베냐민, 납달리, 므낫세, 에브라임, 아셀	7:1–40	요단 서편 지역에서 유다의 북쪽 지역 그러나 스불론과 단 지파는 목록에서 제외됨
베냐민	8:1–40	7장에서 언급한 베냐민 지파의 목록과 다른 목록

④ **예루살렘의 주민**(9:1-44)

- 연속된 족보들은 9장에서 와서 바벨론 포로 생활에서 귀환한 사람들과 연결된다(9:2).
- 포로에서 귀환한 유다와 베냐민의 가문에 속하는 일반인들(9:3-9), 제사장들(9:10-13), 레위 사람들(9:14-16)의 여러 가지 직무들이 소개된다(9:17-34).

2. 다윗 왕국(대상 10:1-29:30)

(1) 이스라엘 왕으로의 다윗의 등극(10:1-12:41)

① **사울의 죽음**(10:1-14)

- 사울에 관해서는 블레셋과의 전투에서의 패배와 죽음만이 기록된다(10:1-12).

② **다윗의 등극**(11:1-12:40)

- 다윗은 여부스 족속을 정복하고 예루살렘을 이스라엘의 수도로 삼고, 왕으로서 통치한다(11:1-9).
- 다윗의 용사들과 그들의 행적(11:10-47)은 다윗을 온 이스라엘이 지지했음을 실례로 제시한 것이다(11:10).

여부스 족속(대상 11:6)
예루살렘 지역에 거주한 가나안 7족속 중 하나

(2) 예루살렘으로의 언약궤 이송(13:1-16:43)

① **첫 번째 언약궤 이송 시도**(13:1-14)

- 다윗은 이스라엘 온 회중에게 언약궤를 옮기는 계획에 동참할 것을 호소한다(13:1-5).
- 웃사의 실수로 인해 첫 번째 이송 시도는 실패하고 언약궤는 오벧에돔의 집에 석달을 머문다(13:9-14).

② **왕으로서의 다윗의 성공**(14:1-17)

- 두로 왕과의 우호관계의 도움을 받아 예루살렘에 왕궁이 세워지고, 다윗의 가문은 번성한다(14:1-7).
- 하나님의 도움으로 인해 블레셋과의 전쟁에서 연승하여 그의 명성이 널리 퍼진다(14:8-17).

③ **예루살렘으로의 언약궤 이송**(15:1-29)

- 다윗은 이전의 언약궤 이송 실패의 원인(15:13)을 보완하여 언약궤를 다시 예루살렘으로 이송한다.
- 언약궤를 올바르게 이송하기 위해 노래하는 자들과 악기를 다루는 자들을 임명한다(15:16-29).

④ **언약궤의 성전안치 의식**(16:1-43)

- 다윗은 하나님의 궤가 예루살렘의 장막 속에 들어온 것을 기뻐하며 번제와 화목제를 드리고 언약궤 앞에서 섬기는 사람들의 복무 규정을 제정한다(16:1-6).
- 다윗의 감사 찬양(16:8-36)의 주제는 이스라엘 백성(16:19-20)을 보호하시고 구원하시는 야훼(16:35)이다.

언약궤 이송

구분	1차 시도 (대상 13장)	2차 시도 (대상 15장)
차이점	새 수레에 실어 소들이 운반	레위인들이 어깨에 멤 (15:15)
공통점	수금, 비파, 소고, 제금, 나팔을 불어 전심으로 찬양함	

(3) 다윗의 확고한 왕권확립(17:1-21:30)

① 다윗 언약과 다윗의 기도(17:1-27)

- 하나님께서는 다윗의 성전건축 계획은 허락하지 않으셨으나, 다윗에게 한 왕조를 세워주시고, 그의 아들 솔로몬의 왕권을 견고히 하실 것을 약속하신다(17:10-14).
- 다윗은 하나님의 약속에 감사하며, 찬양하는 기도를 올린다(17:15-27).

② 다윗의 정복사업(18:1-20:8)

- 블레셋, 모압, 소바, 아람의 주변 나라들을 차례로 정복하여 이스라엘에 평화를 가져온다.

다윗의 정복 국가

18장	블레셋, 모압, 소바, 아람 정복
19장	암몬, 아람 정복
20장	암몬, 블레셋 격파

③ 다윗의 인구조사와 재앙(21:1-30)

- 다윗은 하나님을 의지하기보다 자신의 힘과 능력을 드러내고자 인구조사를 실시하는 죄를 범한다(21:1-6).
- 인구조사로 인한 하나님의 심판으로 3일 동안 전염병이 돌아 7만 명이 사망한다(21:15).
- 오르난의 타작마당에서 야훼를 위한 단을 쌓고 나서야 전염병이 그친다(21:15-27).

(4) 다윗의 성전건축 준비(22:1-27:34)

오르난의 타작마당(대하 3:1)
아브라함이 이삭을 번제로 드리도록 명령을 받은 모리아산 (참조. 창 22장)

① 성전건축 준비(22:1-19)

- 다윗은 오르난의 타작마당을 성전터로 삼고, 석재, 목재, 금속재 그리고 기술자 등 성전건축에 필요한 것들을

제사장, 레위인, 찬양대는 24 반으로 구성된다. 특별히 레위인은 관원과 재판관의 역할(대상 26:29-32)도 감당한다.

준비한다(22:1-5).

- 솔로몬에게 다윗은 성전건축을 독려하면서 야훼의 율법을 준행할 것을 당부하고, 방백들에게 성전건축을 도울 것을 부탁한다(22:6-17).

② 성전 봉사자들(23:1-26:32)

- 다윗은 솔로몬을 이스라엘 왕으로 지명하고(23:1), 레위 사람들에게 성전에서의 여러 가지 일들을 감당하도록 한다(24:2-32).
- 제사장들은 제비뽑기를 통해 결정된 복무 순서에 따라 제사장직을 수행한다(24:1-19).
- 레위인 역시 제비뽑기를 통해 결정된 복무순서에 따라 제사장을 도와 직무를 수행한다(24:20-31).
- 찬양대는 아삽과 헤만과 여두분의 사손으로 구성된다(25:1-31).
- 성전의 문지기 반장들(26:1-19)과 곳간을 맡은 사람들(26:20-28)이 임명된다.

③ 왕의 신하들(27:1-34)

- 군대 지휘관들(27:1-15; 참조. 대상 11:11-47), 이스라엘 각 지파의 지도자들(27:16-22), 왕실의 재산을 관리하는 관원들(27:23-34)과 개인적으로 다윗과 가장 가까운 사람들의 목록(27:32-34)은 다윗의 체제가 완비되어 있었음을 보여준다.

(5) 다윗의 왕위 이양과 죽음(28:1-29:30)

① 다윗의 유언(28:1-21)

- 다윗은 자신의 뒤를 이어 왕이 될 솔로몬에게 하나님을 간절히 찾고 그 계명을 힘써 지키고 성전을 건축할 것을 당부하고 구체적인 성전건축 설계도를 준다(28:9-19).

② 다윗의 기도(29:1-30)

- 다윗과 온 이스라엘은 성전건축을 위해 금과 은을 비롯한 각종 재료들을 준비하여 하나님께 드린다(29:6-9).
- 다윗은 이 모든 것을 주신 하나님을 찬양하고 백성들과 솔로몬이 하나님께 신실하여 성전을 건축하게 해 달라고 기도한다(29:10-19).
- 솔로몬이 기름부음을 받고 왕위에 오르게 되고 다윗은 사망한다(29:22-30).

3. 솔로몬의 통치(대하 1:1-9:31)

(1) 솔로몬의 등극(1:1-17)

① 지혜를 구한 솔로몬(1:1-13)

- 솔로몬은 기브온 산당에서 일천번제를 드린 후, 백성을 잘 다스릴 수 있는 지혜를 하나님께 구하여 지혜뿐 아니라 부와 영광도 얻게 된다(1:7-12).

기브온 산당(대하 1:3)
기브온은 예루살렘 북서쪽 약 11km 떨어진 곳에 위치했다. 이곳에는 성전 건축 전까지 성막이 안치 되었다(대상 16:39).

② **솔로몬의 부귀영화**(1:14-17)

- 하나님께서는 솔로몬에 많은 병거와 마병을 보유한 큰 군대를 거느리며, 금과 은도 풍부하게 하셨다.

(2) 솔로몬의 성전 건축과 봉헌(2:1-7:22)

① **성전건축**(2:1-4:22)

- 솔로몬은 성전건축을 위한 재료와 기술자를 두로 왕 후람에게 요청하고(2:7-8) 자재의 운반과 채석 작업의 역군으로 이스라엘 안에 거하는 이방민족들을 이용한다(2:2,16-17).
- 솔로몬은 다윗이 준 설계도(대상 28:19)대로 성전건물과 그 앞의 두 기둥, 성전의 기구들을 만든다(대하 3:3-4:22).

구분	길이	너비	높이
성전규모 (3:3)	60 규빗	20 규빗	
낭실 (3:4)		20 규빗	120 규빗
지성소 (3:8)	20 규빗	20 규빗	

② **성전봉헌**(5:1-7:22)

- 성막에 있던 야훼의 언약궤와 모든 기구들을 다윗성에서부터 성전으로 옮긴다(5:2-10). 이때 제사장들과 레위사람들이 하나님을 찬양하였는데, 하나님의 영광이 성전에 가득했다(5:11-14).
- 솔로몬의 기도가 끝나자 하나님께서는 불을 내려 응답하시고 성전에는 야훼의 영광이 가득 찬다(7:1-3).
- 7일 동안 거행된 낙성식 이후에 하나님은 성전에서 솔로몬에게 순종과 불순종으로 인한 축복과 저주에 관해 말씀해 주신다(7:12-22).

솔로몬의 봉헌기도(대하 6장)
- 다윗 언약을 기억하여 다윗 왕조를 영원히 지켜달라는 기도
- 성전을 향해 백성들이 기도할 때 그것을 들어주실 것
- 백성의 죄를 용서하시고 사로잡혀 간 땅에서 돌아올 수 있도록

(3) 솔로몬의 영화(8:1-9:31)

① 솔로몬의 업적(8:1-18)

- 20년 동안 솔로몬은 성전과 왕궁을 건축하고, 그 이후에 정복과 많은 건축사업을 벌이는데(8:1-6) 이때 가나안 족속들을 동원하여 강제 노역을 시킨다(8:7-10).

〈솔로몬의 업적 내용〉

정 책	사 업	결 과	성 경
국방정책	하맛소바를 취함 국고성을 건축	북방 위협을 방비 유사시를 대비, 물자저축	8:3 8:6
노동정책	가나안 족속 인력사용 이스라엘 백성 등용	노예를 역군으로 삼음 군대장관의 두목을 삼음	8:8 8:10
종교정책	모세의 명령을 준수 다윗의 규례를 지킴	3대 절기를 지킴 레위인의 직무	8:13 8:14

② 솔로몬의 명성(9:1-31)

- 스바 여왕은 하나님이 주신 솔로몬의 지혜의 명성을 듣고 찾아와 솔로몬의 지혜가 실제로 성전과 왕정의 행정 제도에서 구현된 것을 보고 감탄한다(9:8).
- 솔로몬의 부(9:13-21), 열왕들 보다 뛰어난 재산과 지혜, 군사력과 영토(9:22-28)는 하나님의 약속의 성취이자(1:7-12) 성전의 영광을 반영한 것이기도 하다(참조. 사 2:3; 학 2:7).

4. 유다의 왕들(대하 10:1-36:23)

(1) 유다의 왕들(10:1-36:16)

① 르호보암의 통치(10:1-12:16)

- 솔로몬이 죽자(9:31) 120년간 지속되었던 통일왕국은 남 왕국 유다와 북 왕국 이스라엘로 분열된다(10:19; 참조. 왕상 11:11-13, 34-35).
- 르호보암이 야훼에게 순종하자 북이스라엘의 제사장들과 레위인들이 르호보암에게 돌아오고(11:13-17), 그의 아들들이 통치에 도움(11:18-23)을 주는 복을 받는다.
- 나라가 강해지자 르호보암은 야훼의 율법을 버리고 범죄하여 이스라엘을 본받았고, 그로 인해 유다는 애굽 왕 시삭의 손에 넘겨져 약달을 당한다(12:2-12).

② 아비야에서 여호사밧까지(13:1-20:37)

왕의 통치기간	통치 내용
① 아비야 (3년; 10-13장)	· 하나님의 언약을 의지하여(13:5, 14-15) 북이스라엘의 여로보암과의 전쟁에서 수적인 열세를 극복하고 승리함(13:18-21)
② 아사 (41년; 14-16장)	· 우상과 산당 척결하고 율법과 명령 준행(14:1-8) · 성전의 번제단 보수와 야훼 하나님만을 섬길 것을 백성과 더불어 언약(15:8-15), 이로 인한 35년간의 평화(15:19) · 재위 36년에 이스라엘 왕 바아사의 공격 때에, 하나님을 의지하지 않고 아람 왕을 의지하고, 이를 지적하는 선견자 하나니를 투옥함(16:1-14)

왕의 통치기간	통치 내용
③ 여호사밧 (25년; 17–20장)	· 다윗처럼 하나님께 충실하고, 우상과 산당을 척결하고, 방백들을 지방에 보내 야훼의 율법을 가르치게 하여 유다가 강성해짐(17:1–19) · 북이스라엘의 아합 가문과 혼인동맹을 맺고 함께 길르앗 라못을 공격하지만 패하고, 선견자 예후의 책망을 받음(18:1–19:3) · 유다와 예루살렘에 야훼의 법대로 공정하게 재판이 이루어지도록 하는 사법제도를 만듦(19:4–11) · 모압, 암몬 그리고 마온의 연합군의 공격시에 하나님을 의지하고 찬양대를 앞세워 전쟁에서 승리함(20:1–30)

③ 여호람에서 히스기야까지(21:1-32:33)

왕의 통치기간	통치 내용
① 여호람 (8년; 21장)	· 아합의 딸 아달랴를 아내로 맞아 야훼 보시기에 악을 행하고 이에 대한 심판으로 에돔과 립나를 잃음(21:1–10) · 산당을 만들고 우상을 숭배하도록 한 것에 대한 심판으로 유다는 공격을 당하고 자신은 창자에 병이 들어 죽음(21:11–20)
② 아하시야 (1년; 22:1–9)	· 아합의 집의 길로 가는 악을 행하고 예후 혁명 때 죽임을 당함(22:1–9)
③ 아달랴 (6년; 22:10–12)	· 아들 아하시야가 죽자 유다의 남은 왕족들을 죽이고 정권을 찬탈함(22:10) · 6년 후에 제사장 여호야다의 혁명 때에 죽임을 당함(23:1–15)
④ 요아스 (40년; 24장)	· 제사장 여호야다의 도움으로 왕위에 올라 그가 생존하는 동안 야훼에게 충실하고, 성전을 보수함(24:1–16) · 그러나 여호야다가 죽은 후에 야훼의 전을 멀리하고 우상을 숭배하고, 특별히 제사장 여호야다의 아들 스가랴가 책망하자 그를 돌로 쳐죽이게 함(24:17–22) · 야훼의 심판으로 아람과의 전쟁에서 부상을 입고 신하들의 모반사건에 살해당함(24:23–25)
⑤ 아마샤 (29년; 25장)	· 세일 자손(에돔)을 물리치고 전리품으로 그들의 우상들을 가지고 와서 섬기게 하는 죄를 범하고 이에 대한 심판으로 북이스라엘과의 싸움에서 패하고, 아버지 요아스처럼 살해당함(25:12–28)

왕의 통치기간	통치 내용
⑥ 웃시야 (52년; 26장)	· 주변 여러 나라들과의 전쟁에서 승리하고 국경을 애굽까지 확장함(26:1-15) · 강성해지자 교만해져 제사장만이 할 수 있는 성소에서 분향하려다 하나님의 심판을 받아 이마에 나병이 나고 성전에서 쫓겨나 죽는 날까지 별궁에 격리됨(26:16-23)
⑦ 요담 (16년; 27장)	· 야훼에게 충실한 왕으로 군사적인 성공과 경제적인 성공을 거둔 왕으로 칭찬을 받음(27:1-6)
⑧ 아하스 (16년; 28장)	· 우상숭배와 인신제사로 인해 아람과 이스라엘을 통한 심판을 받음(28:1-8) · 에돔과 블레셋의 공격을 받자 앗수르에 도움을 요청했으나 도리어 공격을 받음. 이러한 하나님의 심판에도 우상숭배를 계속하는 악을 행함(28:16-25)
⑨ 히스기야 (29년; 29-32장)	· 즉위 초부터 야훼께 성결한 예배를 드리도록 종교개혁을 단행(29:1-36) · 유월절과 무교절을 지키게 하고, 우상과 산당을 제거하고 제사장들과 레위인들의 생계를 지원함(30:1-31:19) · 앗수르의 침공으로 맞은 위기에서 선지자 이사야와 더불어 하나님께 간구하여 기도의 응답으로 기적적인 구원을 받고, 죽을 병 가운데서 기도하여 15년의 생명 연장을 받음(32:8-24)

④ 므낫세에서 요시야까지(33:1-35:27)

왕의 통치기간	통치 내용
① 므낫세 (55년; 33:1-20)	· 유다에서 가장 악한 왕으로 그의 아버지 히스기야가 제거한 모든 우상숭배를 다시 행하게 만들어서 큰 죄악을 행함으로 유다 멸망의 결정적 역할함(33:1-9) · 앗수르를 통한 하나님의 심판으로 환난을 겪은 후 회개하여 하나님께 돌이키고 모든 우상과 제단을 제거하고 야훼만을 섬기도록 명령함(33:10-17)
② 아몬 (2년; 33:21-25)	· 므낫세가 만든 모든 우상을 숭배하고 하나님 앞에서 범죄하여 궁중에서 신하에 의해 살해됨(33:21-24)

왕의 통치기간	통치 내용
③ 요시야 (31년; 34–35장)	· 8살의 나이에 왕이 된 후 야훼 보시기에 정직하게 행하고, 20세가 되자 산당과 우상을 제거하는 개혁을 단행(34:1–7) · 26세에 야훼의 성전을 수리하는 도중에 발견된 율법책을 발견함(34:8–14) · 모든 백성들을 모아 성전에서 발견된 율법책을 낭독하고 야훼 앞에서 언약을 맺도록 하고(34:29–33) 유월절을 지키게 함(35:1–19) · 이후에 요시야는 애굽 왕 느고에 맞서 싸우다가 전사함(35:20–25)

⑤ 여호아하스에서 시드기야까지(36:1-16)

왕의 통치기간	통치 내용
① 여호아하스 (3개월; 36:1–4)	· 요시야의 아들로 즉위 석 달 후에 애굽의 느고에 의해 폐위되고 애굽으로 끌려감(36:1–4) · 느고는 그 대신에 동생 엘리야김을 왕으로 삼고 여호야김으로 이름을 바꿈(36:1–4)
② 여호야김 (11년; 36:5–8)	· 느고는 요시야의 또 다른 아들 엘리야김을 왕으로 삼고 여호야김으로 이름을 바꿈(36:4) · 여호야김은 야훼 하나님 보시기에 악을 행하였는데 바벨론을 배반하였다가 바벨론에 포로로 잡혀감(36:5–8)
③ 여호야긴 (3개월; 36:9–10)	· 여호야김의 아들로 예루살렘에서 100일 동안 악하게 다스리다가 자신의 아버지처럼 바벨론으로 잡혀가고 그와 더불어 성전의 보물들도 약탈당함(36:9–10)
④ 시드기야 (11년; 36:11–16)	· 유다의 마지막 왕으로 야훼 보시기에 악을 행하며, 느부갓네살을 배반하고 하나님의 사자를 거부하다 결국 그와 유다 나라 전체가 멸망함(36:11–16)

(2) 유다 왕국의 멸망과 귀환(36:17-23)

① 예루살렘 함락과 귀환(36:17-23)

- 하나님은 갈대아 왕을 통해 심판하시는데 성전과 예루살렘 성읍은 파괴되고 백성은 사로잡혀 가게 된다. 그

땅은 70년간 안식년을 누리는데 이는 예레미야에게 하신 말씀이 성취된 것이다(36:17-21; 참조. 렘 25:11).

- 역대기는 유다 사람들에게 포로귀환과 성전건축을 허락하는 고레스 칙령으로 끝이 난다(36:22-23; 참조. 스 1:1-4). 이것은 예레미야를 통해 말씀하신 바 있는 70년 후 유다의 회복을 이루기 위한 하나님의 계획의 성취이다(참조. 렘 29:10).

역대상·하의 적용과 실천

다윗은 도피 생활을 하면서도 불평과 원망을 하지 않았습니다. 당신은 고난의 순간에 오로지 하나님의 간섭하시는 때를 기다리는 믿음을 갖고 있습니까(대상11:1-3)?

심판의 경고에 돌이키기를 원하시는 주님의 음성에 우리는 귀기울이고 있습니까(대하36:1-21)?

통일왕국시대를 맞은 이스라엘이 발전할 수 있었던 것은 하나님께서 함께 하셨기 때문입니다. 하나님 없는 평안과 번영은 결코 있을 수 없습니다. 하나님께 소망을 두는 믿음의 삶이 되어야 합니다.

역대상(1~29장), 역대하(1~36장) 읽기

주일	월	화	수	목	금	토
대상 1:1-9:44	대상 10:1-19:19	대상 20:1-29:30	대하 1:1-9:31	대하 10:1-19:11	대하 20:1-28:27	대하 29:1-36:23

에스라

"에스라가 하나님의 성전 앞에 엎드려 울며 기도하여 죄를 자복할 때에 많은 백성이 크게 통곡하매 이스라엘 중에서 백성의 남녀와 어린 아이의 큰 무리가 그 앞에 모인지라" (스 10:1)

기록목적 에스라서는 바사(페르시아) 왕 고레스의 칙령으로 인해 바벨론 포로지에서 귀환한 유대인들이 벌인 야훼 신앙 운동과 성전 재건 사업에 대한 기사를 다룬다. 성전 재건 이후에 에스라를 중심으로 이루어진 유월절 절기의 회복, 모세 율법의 시행 그리고 이방인들과 통혼한 백성들에 대한 강력한 개혁 조치를 기록함으로써 야훼 신앙의 순수성, 이스라엘 민족의 혈통적 순수성의 회복을 강조하고 있다.

저 자 에스라

특 징

- 성전 재건 과정과 유월절 절기의 회복을 부각시킴으로써 야훼 신앙 공동체로서 신앙의 순수성을 지켜야 함을 강조한다.
- 성전 재건 과정에 사마리아 사람들의 참여가 거부되고 이방 민족 출신 여인들과의 혼인이 금지된다. 이는 민족적 순수성뿐 아니라 야훼 신앙의 순수성을 보호하기 위함이었다.
- 에스라서 전체 기간은 약 80년 정도로, 1-6장은 주전 538년 고레스 칙령 이후 바벨론에서 귀환한 사람들이 성전을 재건하는 과정을 그리고 있고(1차 귀환), 7-10장은 주전 458년경 에스라를 중심으로 이루어진 성전 예배의 회복과 민족의 순수성 보존을 다루고 있다(2차 귀환).

내·용·분·해

대분류	소분류	주요 내용
1. 스룹바벨과 여호수아 치하에서의 예루살렘 성전의 재건 (1:1–6:22)	(1) 고레스 칙령과 바벨론 포로들의 귀환 (1:1–2:70)	① 고레스 칙령 ② 귀환한 유대인들의 명단
	(2) 내 · 외적인 반대들을 극복하고 진행되는 성전건축(3:1–6:22)	① 성전 재건 시작 ② 성전 재건 방해 ③ 성전봉헌
2. 에스라의 지도하에서의 율법의 제정 (7:1–10:44)	(1) 아닥사스다 칙령과 바벨론으로부터의 에스라 파견 (7:1–8:36)	① 에스라와 아닥사스다의 조서 ② 2차 귀환자 명단과 귀환 과정
	(2) 혼합 결혼의 파기와 백성의 언약 (9:1–10:44)	① 혼합결혼의 문제 ② 에스라의 개혁

내·용·연·구

1. 스룹바벨과 여호수아 치하에서의 예루살렘 성전의 재건(1:1-6:22)

(1) 고레스 칙령과 바벨론 포로들의 귀환(1:1-2:70)

① 고레스 칙령(1:1-11)

- 바사(페르시아)의 초대왕 고레스(주전 558-529년)는 주전 539년 바벨론을 정복하였다. 유다인들에게는 조서를 내려 돌아가기를 자원하는 유다인들의 귀향과 예루살렘의 성전을 재건을 명하고(1:2-4), 바벨론이 약탈했던 예루살렘 성전의 그릇을 돌려주었다(1:7-10).
- 고레스의 조서에 의한 첫 번째 귀향민들의 대열을 이끈 사람은 유대인 고위 관리 세스바살이었다(1:8,11).

② 귀환한 유대인의 명단(2:1-70)

- 2장은 포로지에서 자원하여 귀향한 사람들의 목록이다.
- 귀환한 사람들의 지도자는 스룹바벨과 예수아이다. 스룹바벨은 다윗의 자손으로 주전 597년에 포로로 잡혀간 여호야긴 왕의 손자이다(대상 3:17-19). 예수아는 바벨론 포로 이전 마지막 대제사장인 요사닥의 손자이다(대상 6:14; 슥 3:2).
- 이 명단은 지파별이 아닌 가문(2:3-20,24,29-58)과 지역

"우리가 비록 노예가 되었사오나 우리 하나님이 우리를 그 종살이하는 중에 버려 두지 아니하시고 바사 왕들 앞에서 우리가 불쌍히 여김을 입고 소생하여 우리 하나님의 성전을 세우게 하시며 그 무너진 것을 수리하게 하시며 유다와 예루살렘에서 우리에게 울타리를 주셨나이다"(스 9:9)

스룹바벨
'바벨론에서 낳았다, 바벨론에 흩어진'이란 뜻. 여호야긴 왕의 손자로 바벨론 포로 시에 생장하여 바사 왕 고레스가 유다인들을 귀환시킬 때 식민지의 통치자로 임명되어 제 1차 포로 귀환을 주도했다. 귀환 후 성전을 재건했고, 이때 세운 성전을 스룹바벨 성전이라 칭한다(2:2).

(2:21-23,25-28)을 중심으로 기록되어 있는데, 이것은 혈통적 정통성을 내세우기 위한 목적이었다(2:59-63).

〈포로 귀환 연대표〉

	1차 귀환	2차 귀환	3 차 귀환
성경	스 1–6장	스 7–10장	느 1–13장
지도자	스룹바벨	에스라	느헤미야
페르시아 왕	고레스	다리오	아닥사스다
연도	주전 537년	주전 458년	주전 445년
인원	42,360명	약 5천명	1명
사업	성전건축	신앙부흥	성벽재건

〈시온으로의 귀환(주전 538-445년)〉

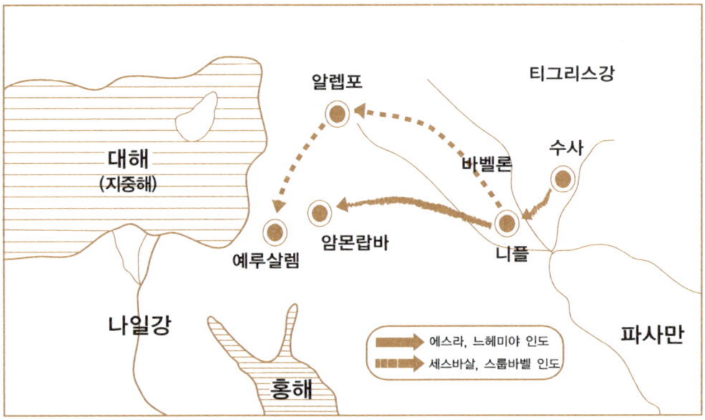

(2) 내・외적인 반대들을 극복하고 진행되는 성전건축 (3:1-6:22)

① 성전 재건 시작(3:1-13)

- 일곱째 달(민 29:1)에 타버린 성전 터 위에 단을 쌓아 각종 번제를 하나님께 드린 후 초막절(레 23:33-36)을 지킴으로 야훼를 위한 희생 제사가 복원되었다. 성전 기초를 놓는 작업은 그 이듬해에 시작되었다(3:3-6).
- 두로와 시돈에서 건축 자재를 구하고, 제사장들과 레위인들이 참석한 가운데 찬양 속에서 성전 건축이 시작된다(3:7-8,10).
- 성전의 기초가 놓일 때 대다수의 백성들은 레위인의 음악에 맞춰 화답 찬송을 드리고, 옛 솔로몬의 성전을 회상한 노인들은 통곡하기도 했다(3:10-13).

② 성전 재건 방해(4:1-24)

- '유다와 베냐민의 대적' 으로 언급되는 사마리아인들은 우상숭배와 도덕적 타락에 물든 사람들이었다. 스룹바벨과 예수아와 이스라엘의 족장들은 사마리아인들의 성전건축 동참 제안을 거절한다(4:1-3).
- 거절당한 사마리아인들은 아하수에로 왕에게 유다의 성전재건에 관해 고발하고(4:6), 아닥사스다 왕에게는 사마리아 방백(총독) 르훔과 서기관 심새가 고소장을 올려 말하기를 성전건축을 성곽건축이라 모함하고 이 성

예수아
'야훼는 구원이시다' 라는 뜻. '여호수아' 의 아람식 표현. 헬라적 표현으로는 '예수'. 그는 대제사장 여호사닥의 아들로 귀국 후 제사장직을 맡아 성전 재건에 전력했다(2:2).

에스라/느헤미야 시대의 페르시아 왕들과 연대표 (주전, B.C.)

고레스	550-530년
캄비세스	530-522년
다리오	522-486년
아하수에로	485-465년
아닥사스다	465-424년
다리오 2세	423-404년
아닥사스다 2세	404-358년

곽이 완성되면 반란을 일으키리라 참소하여(4:7-16) 결국 공사가 다리오 왕 2년(주전 520년)까지 중단되었다(4:21-24).

③ **성전 봉헌**(5:1-6:22)

- 장기간 중단되었던 성전건축이 학개와 스가랴 두 선지자를 통한 하나님의 격려의 말씀을 들은 스룹바벨과 예수아에 의해 다시 재개된다(5:1-2).
- 이에 유브라데 강 건너편 총독 닷드내 등이 이전에 고레스 왕이 성전건축을 유다인들에게 정말 허락했었는지 확인할 것을 다리오 왕에게 건의한다(5:3-17).
- 다리오는 고레스의 조서를 발견하고(6:1-5) 닷드내 등에 성전 재건을 지원할 것을 명령하고(6:6-12), 공사가 신속하게 진행되어 4년 후인 다리오 왕 6년에 성전 재건이 마무리된다(6:15, 주전 515년).
- 에스라서의 첫부분(1-6장)은 귀향민들의 이방으로부터의 해방과 약속된 땅에서의 정착을 상징하는 유월절이 거행된 것을 보고함으로 끝이 난다(6:19-22).

2. 에스라의 지도하에서의 율법의 제정(7:1-10:44)

(1) 아닥사스다 칙령과 바벨론으로부터의 에스라 파견 (7:1-8:36)

① 에스라와 아닥사스다의 조서(7:1-28)

- 제 2성전이 완공된 후 약 60년 뒤인 아닥사스다 왕 때 두 번째 귀향이 이루어진다(7:1).
- 두 번째 귀향의 지도자는 아론계 제사장 가문 출신이자 학자 에스라로서(7:1-5), 그는 제사장들과 레위인들 그리고 일반 백성들과 함께 약 3개월 반 만에 귀향한다(7:7, 9). 에스라의 임무는 야훼의 율법을 이스라엘 백성들에게 가르치는 것이다(7:10, 14, 25-26).
- 에스라는 성전예배, 또 그와 관련된 사람들에게 재정적 지원을 약속하는 아닥사스다 왕의 조서를 가지고 왔다(7:12-26).

② 2차 귀환자 명단과 귀환과정(8:1-36)

- 에스라와 함께 예루살렘으로 돌아가고자 모인 사람들의 명단이 나온다. 이들은 열두 족장에 따라 인원수가 파악되었으며 약 5천명이었다(8:1-14).
- 귀향하고자 모인 사람들 중에 제사장, 레위인이 없음을 안 에스라는 레위인과 성전 일꾼들을 모집한다(8:15-20).
- 에스라 일행은 귀환을 위해 아하와 강가에 집결하여 금

식한 후에, 금과 은을 포함한 보물들을 제사장들과 레위인들이 관리하도록 했다(8:24-30).

- 그들은 바벨론을 떠나 약 1,400~1,500Km의 거리를 여행하여 예루살렘에 안전하게 도착하여, 하나님께 예배를 드린다(8:31-35; 참조. 7:9).

(2) 혼합 결혼의 파기와 백성의 언약(9:1-10:4)

① 혼합 결혼의 문제(9:1-15)

- 에스라는 이스라엘 백성이 이방 민족들과 혈통상 서로 섞이고, 그에 따라 우상숭배의 유혹을 받음으로 하나님께 죄를 범한 것에 대해 크게 염려하고 슬퍼하여 회개의 기도를 드린다.

② 에스라의 개혁(10:1-44)

- 에스라의 눈물의 회개 기도에 충격을 받을 사람들이 모여 큰 무리를 이루고, 백성의 지도자인 스가냐가 나서서 에스라의 뜻대로 이 문제를 처리하겠다고 약속한다(10:3).
- 금식 후에 에스라는 예루살렘 회중을 모으고 하나님의 뜻대로 이방 여인을 끊어버리라고 말한다(10:11).
- 이방인과의 통혼의 문제를 다루는 위원회가 조사(10:16-17)한 결과 제사장 18명, 레위인 10명, 평민 86명 등 총 114명이 이방 여인과 결혼할 정도로 문제가 심각한 것

42,360명이라는 백성의 전체 숫자에 비하면 114명은 비교적 적은 숫자이지만, 이방 민족과의 통혼으로 말미암은 배교 때문에 심판을 경험한다(참조. 9:6-10)

이었음이 밝혀진다(10:18-44).

- 이스라엘 백성들은 이 문제에 대해 단호한 조처를 취해야 했다. 성전이 다시 건축되었다 하더라도 예배자의 삶이 온전하지 못하면 무의미하기 때문이다.

에스라의 적용과 실천

기도와 금식에 대하여 무엇을 배웠습니까? 금식과 기도는 하나님과 동행하는 여러분의 삶에서 얼마나 중요한 부분을 차지하고 있습니까? 다시 한 번 점검해 보는 시간을 가져보시기 바랍니다(8:21-23).

에스라 당시 사람들은 자신들의 죄를 어떻게 처리했습니까? 여러분은 삶에서 죄를 어떻게 처리합니까? 여러분의 교회 공동체는 죄를 어떻게 처리합니까? 이에 대한 깊은 묵상과 함께 깨달은 바를 삶에 실천해야 하겠습니다(9-10장).

에스라는 새로 태어난 공동체, 바로 '재건 세대'에 관한 말씀입니다. 이들은 70년 전에 불타버린 예루살렘 성전을 재건하고, 무너져 내린 이스라엘 신앙공동체를 다시 세우게 되는 중책을 감당하게 됩니다. 이 때 하나님께서 절대적으로 요구하셨던 것이 무엇인지를 정확히 알고 우리의 신앙생활에 그대로 적용해야겠습니다.

에스라(1~10장) 읽기

주일	월	화	수	목	금	토
1:1-2:70	3:1-6:22	7:1-8:36	9:1-10:44			

느헤미야

"우리의 모든 대적과 주위에 있는 이방 족속들이 이를 듣고 다 두려워하여 크게 낙담하였으니 그들이 우리 하나님께서 이 역사를 이루신 것을 앎이니라" (느 6:16)

기록목적 느헤미야서는 에스라서에 이어서 3차 포로 귀환, 폐허 상태로 남아 있던 예루살렘 성벽의 재건, 예루살렘 중심의 정착 과정, 에스라와 느헤미야를 통한 언약의 갱신과 신앙 개혁 사건을 다루고 있다. 느헤미야서는 이 모든 것들이 야훼신앙을 회복하고 신앙 공동체로서 이스라엘의 정체성을 확립하는 것임을 보여주기 위해 기록되었다.

저　　자 느헤미야

특　　징
- 예루살렘 성의 성벽 재건과 백성들의 예루살렘 정착 과정을 생생하게 묘사한다.
- 율법 준수를 엄중히 훈계한다.
- 느헤미야의 1인칭 보고 속에 그 시대에 대한 생생한 회고가 나타난다.
- 에스라 시대의 역사적 상황이 연결되어 있어 에스라와의 긴밀한 연관성을 보여 준다.

내·용·분·해

대분류	소분류	주요 내용
1. 예루살렘 귀환과 성벽 건축 (1:1–6:19)	(1) 아닥사스다의 조서와 느헤미야의 파견 (1:1–2:10)	① 느헤미야의 기도와 귀환
	(2) 성벽 건축과 사회적 개혁들(2:11–6:19)	① 성벽 건축의 시작 ② 성벽 건축의 완성
2. 에스라와 느헤미야의 종교개혁 (7:1–13:31)	(1) 언약 갱신 (7:1–10:39)	① 귀환자 명단 ② 에스라의 말씀 낭독 ③ 언약에 대한 책임
	(2) 언약에 대한 순종 (11:1–13:31)	① 예루살렘 주민과 지방 주민의 명단 ② 제사장과 레위인의 명단 ③ 성벽 봉헌식 ④ 언약에 따른 영적 개혁

내·용·연·구

1. 예루살렘 귀환과 성벽건축(1:1-6:19)

(1) 아닥사스다의 조서와 느헤미야의 파견(1:1-2:10)

① 느헤미야의 기도와 귀환(1:1-2:10)

- 느헤미야는 바사의 수도 수산궁에서 술 관원장으로(1:1, 11; 2:1) 예루살렘 성이 허물어져 있고 자기 민족이 고통 속에 있음을 듣고 금식하며 하나님께 기도한다(1:4-11).
- 6개월 간 계속된 기도의 응답(참조. 1:1; 2:1)으로 느헤미야는 예루살렘 성의 재건을 왕에게 간구하고 허락을 얻어낸다(2:1-8). 이러한 계획은 현지의 실권자들인 산발랏과 도비야의 반발을 불러일으킨다(2:9-10).

(2) 성벽 건축과 사회적 개혁들(2:11-6:19)

① 성벽 건축의 시작(2:11-5:19)

- 느헤미야는 예루살렘 성벽을 조사하고 성벽 재건 계획을 공표하며 하나님의 인도하심을 전한다(2:11-18).
- 산발랏과 도비야가 성벽 건축을 왕에 대한 모반이라고 위협함에도 불구하고 느헤미야는 그들이 성벽을 건축하는 일에 동참하지 못하게 한다(2:19-20).

"이제 종이 주의 종들인 이스라엘 자손을 위하여 주야로 기도하오며 우리 이스라엘 자손이 주께 범죄한 죄들을 자복하오니 주는 귀를 기울이시며 눈을 여시사 종의 기도를 들으시옵소서"(느 1:6)

〈성벽 수축 배치도〉

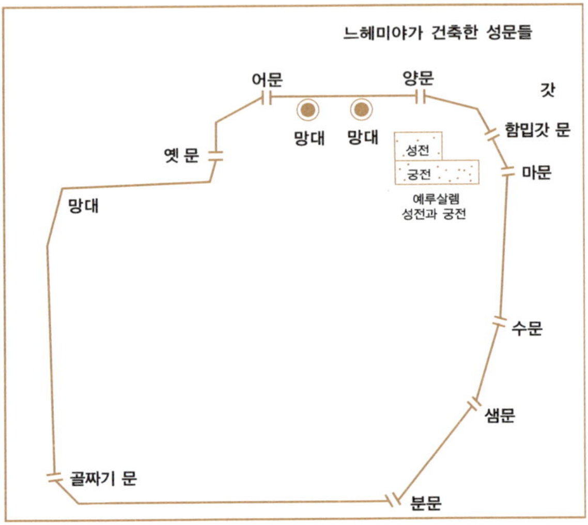

성벽건축
양문(3:1)부터 시작해서 어문(3:3), 옛 문(3:6), 골짜기 문(3:13), 분문(3:14), 샘문(3:15), 수문(3:26), 마문(3:28), 양문(3:32)까지 이어진다.

- 사마리아 총독 산발랏과 도비야와 그들의 동조자들은 방해 공격 계획까지 세우지만(4:1,7-9), 느헤미야는 백성들을 무장시키고 하나님에 대한 신뢰를 갖도록 격려하여(4:20) 공사를 계속한다.

방해자의 활동	성경	유대 백성의 반응	하나님의 도우심
조롱으로 방해	4:1–6	기도로 마음을 지킴	일에 대한 강한 의지를 주심
무력으로 협박	4:8	백성들을 무장시킴	적의 침입을 막아 주심
음모를 꾸밈	4:15	하나님의 인도를 따름	적의 비밀을 누설시켜 실패케 하심

- 기근과 성벽 공사의 강행으로 가난한 사람들의 생활이 더 어려워져 내적 분열이 일어나므로(5:1-5), 부유층에

대한 공적 개혁이 이루어진다(5:11-13).

② **성벽 건축의 완성**(6:1-19)

- 산발랏과 게셈의 거짓 소문과 음모에도 불구하고 성벽은 하나님의 도우심으로 52일 만에 완성된다(6:15-19).

2. 에스라와 느헤미야의 종교개혁(7:1-13:41)

(1) 언약 갱신(7:1-10:39)

① **귀환자 명단**(7:1-73)

- 느헤미야는 예루살렘 성으로 주민을 이주시키기 위해 바벨론에서 귀환한 사람들의 명단을 작성해 인구를 조사한다(7:4-69).

② **에스라의 말씀 낭독**(8:1-9:38)

- 이스라엘 백성들에게 에스라는 본래 히브리어로 된 율법책을 낭독하고 레위인들은 그 당시 통용 언어인 아람어로 통역해 주어 그 내용을 알게 한다(8:1-4,8).

〈말씀을 전하는 자와 듣는 자의 모습〉

성경구절	말씀 전하는 자	말씀 듣는 자	우리에게 주는 교훈
8:5	강단에서 말씀을 펼칠 때	모두 자리에서 일어남	하나님 말씀을 존중
8:6	하나님을 송축할 때	아멘으로 화답	하나님을 경배
8:7–8	율법을 깨닫도록 가르칠 때	죄된 자신들을 바라보고 울음	자기 성찰
8:9–11	하나님의 성일에 울지 말라 권면할 때	울음을 멈추고 말씀에 순종	성도의 바른 자세

언약 갱신의식 조항
(느 10:30-39)
- 혼합 결혼의 중단
- 안식일 준수
- 빚의 면제
- 삼분의 일 세겔의 성전세
- 하나님의 전을 위한 성물 공급
- 성전의 땔나무 공급
- 맏물 예물, 십일조 약속

예루살렘 주민 명단
(느 11:1-36)
- 유다와 베냐민 자손
- 제사장들
- 레위인 성 문지기
- 귀향민들이 정착한 거주지역

성벽 봉헌식(느 12:27-13:3)
- 정결하게 하는 의식이 치러짐
- 두 행렬이 서로 반대 방향으로 성벽을 도는 방식(12:31-37)

- 에스라와 함께 율법책을 연구하던 중 백성의 지도자들은 초막절의 존재를 알고, 초막절을 지킨 후(8:13-18) 그 달 24일 속죄일로 다시 모여(9:1) 금식하며 하나님의 언약에 온전하게 살 것을 다짐한다(9:32-38).

③ 언약에 대한 책임(10:1-39)

- 회개의 기도 후 지도자들은 언약 갱신의식을 집행한다(10:1-29).

(2) 언약에 대한 순종(11:1-13:31)

① 예루살렘 주민과 지방 주민의 명단(11:1-36)

- 성벽이 재건됨으로써 제비뽑기로 예루살렘 성읍의 기능을 발휘하기 위해 정해진 사람들이 있었다(11:1-2).

② 제사장과 레위인의 명단(12:1-26)

- 성곽을 헌납하기 전에 스룹바벨과 여호수아와 함께 귀향한 제사장들과 레위인들 뿐 아니라 느헤미야 시대의 제사장들과 레위인들의 명단이 언급된다(12:1-26).

③ 성벽 봉헌식(12:27-13:3)

- 이날 유다 백성은 하나님을 크게 기뻐했으며(12:43) 신명기의 율법대로(신 23:3-6) 암몬과 모압 자손은 하나님의 총회에 들어오지 못하게 하였다(13:1-3).

④ 언약에 따른 영적 개혁(13:4-31)

- 느헤미야는 바사왕 아닥사스다 즉위 12년 동안 유다의

총독으로 지내다 바사 왕궁으로 돌아갔다(13:6). 후에 그는 제2차 예루살렘 방문 때에 자신이 부재 시에 발생한 폐해를 발견하고 신앙개혁을 단행한다.

암몬과 모압 자손은 하나님의 총회에 들어오지 못한 이유(느 13:1-3)
- 이스라엘 백성들의 순결을 유지하도록 하기위해

폐 해	신앙적 개혁	대 상
· 십일조를 드리지 않음 (참조. 느 12:44-13:3) · 십일조 저장을 위한 큰 방을 이방인 도비야에게 내어줌(참조. 2:10)	성전 안에 있던 도비야의 방의 기구를 내버리고, 그 방을 정결하게 함(13:7-10)	성전 안
· 헌물을 드리지 않음 · 레위인들이 생계를 위해 성전에서 이탈	헌물을 다시 드리고 이를 관리하는 자들을 임명하여 성전예배를 온전케 함(13:11-13)	일반 백성
· 안식일에 예루살렘에서 장사하여 안식일을 범함	안식일에 예루살렘 성문을 폐쇄함으로써 안식일을 준수하도록 함(13:15-22)	이방인들과 예루살렘 성 밖에 사는 유대인들
· 이방여인들과의 혼합 결혼(참조. 스 9-10장)	머리털을 뽑고 다시는 잡혼하지 않겠다고 맹세시킴(13:23-28)	유대인들

느헤미야의 적용과 실천

하나님께서 말씀으로 창조하신 모든 천지 만물과 사람을 소중하게 여기며 살고 있습니까?(1:1-2:3)

요셉은 악을 행한 형제를 용서하며 하나님의 선하심을 나타내었습니다. 우리도 관용과 긍휼을 통하여 용서와 화해의 삶을 위해 노력을 기울여야 합니다(50:19-21).

하나님의 뜻을 이룰 때 사람의 말과 일어나는 상황에 마음을 빼앗기는 것이 아니라 주신 말씀을 의지해서 밤낮으로 기도할 때 하나님께서 주만 바라볼 수 있는 힘과 능력을 주십니다.

느헤미야(1~13장) 읽기

주일	월	화	수	목	금	토
1:1-2:10	2:11-4:23	5:1-6:19	7:1-8:18	9:1-10:39	11:1-12:41	13:1-31

에스더

"금식한 후에 규례를 어기고 왕에게 나아가리니 죽으면 죽으리이다 하리니"(에 4:16)

기록목적 에스더서는 유다인들이 바사라는 세계 대제국의 통치 하에서 타국에서 살면서 겪는 위기와 고난을 배경으로 확고한 믿음으로 하나님을 온전히 섬기는 자들을 하나님께서 주권과 섭리로 보호하시므로 하나님의 백성은 궁극적으로 승리한다는 것을 보여주기 위해 기록되었다.

저 자 모르드개가 기록했다고 추측.

특 징 - 야훼 하나님의 이름, 하나님의 호칭, 제사, 성전, 율법 등에 대한 언급이 전혀 없으나, 하나님의 강한 섭리 속에서 이루어지는 이스라엘의 역사를 극적으로 표현하고 있다.
- 룻기와 더불어 지혜와 용기를 지닌 에스더가 주인공으로 여성의 이름으로 지어진 책이다.
- 부림절의 역사적 기원을 밝히고 있다.

내·용·분·해

대분류	소분류	주요 내용
1. 위기에 처한 유다인 (1:1–4:17)	(1) 왕후가 된 에스더 (1:1–2:23)	① 왕후 와스디의 폐위 ② 왕후가 된 에스더 ③ 왕의 목숨을 구한 모르드개
	(2) 하만의 음모 (3:1–4:17)	① 하만의 유다인 멸절 음모 ② 모르드개의 민족구원 노력
2. 유다인의 승리 (5:1–10:3)	(1) 하만에 대한 모르드개의 승리 (5:1–7:10)	① 에스더의 첫 번째 연회와 하만의 흉계 ② 명예를 얻은 모르드개 ③ 에스더의 두 번째 연회와 하만의 죽음
	(2) 이스라엘의 승리 (8:1–10:3)	① 승리를 위한 상황의 변화 ② 이스라엘의 승리 ③ 부림절과 모르드개의 영광

내·용·연·구

1. 위기에 처한 유다인(1:1-4:17)

(1) 왕후가 된 에스더(1:1-2:23)

① 왕후 와스디의 폐위(1:1-22)

- 거대한 제국의 왕인 아하수에로는 재위 3년째에 180일 동안 계속되는 잔치에 왕후 와스디에게 면류관을 정제하고 그녀의 미모를 하객에게 보이라 명한다(1:9).
- 왕의 명령을 와스디가 거절하자 모욕감을 느낀 아하수에로 왕은 와스디를 폐위시키고(1:19) 전국에 조서를 내려 가부장적인 가정체계를 선포한다(1:22).

② 왕후가 된 에스더(2:1-20)

- 수산성에 있는 에스더도 왕후 후보에 선발되었는데, 아하수에로 왕은 에스더를 보고 크게 기뻐하여 그녀를 왕후로 택하였다.
- 모르드개는 사촌 에스더에게 그녀가 유다인인 것을 말하지 말라고 당부한다(2:10).
- 에스더는 아하수에로 왕 7년에 와스디를 대신하여 바사의 새로운 왕후가 된다(2:17).
- 왕의 암살 음모를 우연히 듣게 된 모르드개는 에스더를 통하여 왕의 생명을 구하고 모르드개의 이름은 궁중일

"이 일은 아하수에로 왕 때에 있었던 일이니 아하수에로는 인도로부터 구스까지 백이십칠 지방을 다스리는 왕이라" (에 1:1)

에스더('별' 이라는 뜻)
- 유다인 고아 외삼촌 모르드개에게 양육됨
- 히브리어 이름: 하닷사 (화석류 나무)

기에 기록된다(2:19-23).

(2) 하만의 음모(3:1-4:17)

① 하만의 유다인 멸절 음모(3:1-15)

제비(히: 부르)
'부르' 라는 단어에서 '부림절' (9:24-29)이 유래

- 왕의 신임을 얻어 교만해진 아각 사람 하만은 자신에게 경배하지 않는 모르드개를 보고 그 보복으로 온 유다인을 멸절시키고자 제비를 뽑고 결심한다(3:1-6).
- 하만의 모함에 유다인을 아달월 십삼일에 학살하라는 왕의 동의를 얻어내고 각도에 조서를 내려보낸다.

② 모르드개의 민족구원 노력(4:1-17)

아달월 십삼일(에 3:8-15)
유대인 학살의 시기로 유월절 하루 전날

- 온 나라에 이 조서가 퍼지자 모르드개와 모든 유다인들이 베옷을 입고 금식하며 울며 하나님께 부르짖는다(4:1-3).
- 하만의 계략을 에스더에게 알린 모르드개는 에스더 자신이 유다인이며 왕후의 자리에 있는 것이 유다인을 구원하기 위한 사명이라며 왕에게 나아가 민족을 구원하도록 간청한다(4:7-14).
- 에스더는 모르드개에게 유다인 모두에게 3일 금식을 부탁하고 자신도 금식한 후 '죽으면 죽으리라' 는 결심을 가지고 왕 앞에 나아간다(4:15-17).

2. 유다인의 승리(5:1-10:3)

(1) 하만에 대한 모르드개의 승리(5:1-7:10)

① 에스더의 첫 번째 연회와 하만의 흉계(5:1-14)

- 금식이 끝난 후 아하수에로 왕에게 나아간 에스더를 왕은 금규를 내밀어 그녀의 소원을 묻는데 에스더는 왕과 하만을 잔치에 초대한다(5:1-4).
- 그 잔치로 인해 더욱 교만해진 하만은 대궐을 나오다 모르드개를 보고 분을 참지 못하고 집에 돌아와 오십 규빗이 되는 나무를 세워 모르드개를 죽일 것을 의논한다(5:9-14).

② 명예를 얻는 모르드개(6:1-14)

- 하만이 모르드개를 죽이기로 결정한 날 밤 왕은 자리에 누웠으나 잠을 이루지 못하자 역대 일기를 읽도록 하고, 잊고 있었던 모르드개의 공로를 생각하게 된다(6:1-3).
- 왕은 모르드개에게 상줄 것을 생각하고 마침 뜰에 있던 하만에게 왕을 존귀케 할 자가 받을 영광이 무엇인가 묻자 하만은 가장 영광스런 상급을 이야기한다(6:4-9).
- 왕은 하만에게 영광스러운 상급을 받을 자가 모르드개임을 밝히고 모든 사람 앞에서 영광스럽게 하도록 지시한다. 왕의 명령을 수행한 후에 하만은 곧바로 에스더의 잔치에 불려간다(6:10-14).

규(에 4:11)
옥으로 만든 홀(笏). 왕권, 권위, 주권의 상징으로 왕이 손에 들었던 짧은 지팡이

규빗(에 5:14)
1규빗은 약 45㎝

③ **에스더의 두 번째 연회와 하만의 죽음**(7:1-10)

- 두 번째 잔치(7:2; 참조. 5:3,6)에서 에스더는 자신이 유다인임을 밝히고 자신의 민족의 생명을 구해달라고 간청하고 유다인을 멸절하려는 음모를 꾸민 자가 하만임을 밝힌다(7:3-6).
- 하만이 에스더가 앉은 걸상에 엎드려 목숨을 구걸하였으나, 왕은 그것이 왕후를 해치려는 것으로 보고 왕의 명령으로 모르드개를 매달기로 된 50규빗 높이의 장대에 달려 하만은 죽게 된다(7:7-10).

(2) 이스라엘의 승리(8:1-10:3)

① **승리를 위한 상황의 변화**(8:1-17)

- 에스더와 모르드개의 승리로 모르드개는 하만의 재산과 지위를 인수하고(8:1-2) 왕은 새로운 조서를 내려 유다인들의 생명을 보호하게 된다(8:3-13).

② **이스라엘의 승리**(9:1-16)

- 그해 12월 13일은 하만이 제비를 뽑아 유다인을 멸하려던 날이었다. 그러나 오히려 유다인들이 하만의 열 아들을 포함해서 75,000명에 달하는 그들의 대적을 물리친 날이 되었다(9:1-16).

③ **부림절과 모르드개의 영광**(9:17-10:3)

- 모르드개는 유다인들의 구원과 승리를 경축하기 위해

12월 14일과 15일을 부림절로 제정한다(9:17-32).

• 자기 민족을 보호하고 돕는 지도자 모르드개는 아하수에로 왕의 총리이자 유다인에게 존경받고 사랑받는 자가 되었다(10:3).

에스더의 적용과 실천

공동체 안에 갑작스런 모함과 계략의 위기에 자신이 포함되었을 때 제일 먼저 사용하는 방법은 무엇입니까(4:1)?

우리가 하고자 하는 금식은 하나님께 중심에 있습니까? 또한 그 이유가 어떠한 목적입니까(4:16)?

하나님의 뜻은 사랑하는 개개인의 사람들뿐만 아니라 그 사람으로 하여금 하나님이 함께 하는 공동체를 세우시는 것에 있습니다.

에스더(1~10장) 읽기

주일	월	화	수	목	금	토
1:1-22	2:1-23	3:1-15	4:1-5:14	6:1-7:10	8:1-17	9:1-10:3